Perspectives 2

Französisch
für Erwachsene

Vokabeltaschenbuch

Cornelsen

VOCABULAIRE Vokabular

Die neuen französischen Vokabeln finden Sie hier in der Reihenfolge des ersten Auftretens aufgelistet. Die Zahlen am Rand geben an, wo die einzelnen Wörter und Wendungen zum ersten Mal vorkommen.

Abkürzungen

p.	page (Seite)
f.	feminin
m.	maskulin
Pl.	Plural
ugs.	umgangssprachlich
cf.	confer (vergleiche)
qn	quelqu'un
qc	quelque chose
jd	jemand
jdm	jemandem
jdn	jemanden
etw.	etwas

Symbole

= bezeichnet Wörter und Wendungen mit gleicher oder ähnlicher Bedeutung

≠ bezeichnet Wörter und Wendungen mit gegensätzlicher Bedeutung

BIENVENUE

p. 8	1.		
	choisit [ʃwazi]	(er/sie) wählt	Vincent choisit une cravate violette pour aller avec son costume.
	à tour de rôle [aturdərol]	abwechselnd	Présentez-vous à tour de rôle.
	sympa(thique) [sɛ̃pa(tik)]	sympathisch, nett	Hélène est une fille très sympa.
	2.		
	mieux [mjø]	besser	*cf.* bien
p. 9	3.		
	une œuvre d'art [œvrədar]	Kunstwerk	Les œuvres d'art de Matisse sont très célèbres.

la moutarde [mutard]	Senf	Vous voulez de la moutarde dans votre sandwich?
une huître [ɥitr]	Auster	À la Rochelle, nous avons mangé des huîtres.
4.		
résumer [rezyme] **qc**	etw. zusammenfassen	Tu peux résumer ce texte?
une émission [emisjɔ̃]	Sendung	J'écoute tous les jours cette émission à la radio.
un/une auditeur/trice [oditœr/oditris]	Zuhörer/in	Les auditeurs peuvent appeler au numéro suivant …
vivez [vive]	(Sie) leben	Vous vivez à Paris et à Berlin.
rire [rir]	lachen	Tu ne dois pas rire pendant que je parle.
la plaisanterie [plɛzɑ̃tri]	Witz	Il n'a pas le sens de l'humour. Il n'aime pas les plaisanteries.
le souvenir [suvənir]	Andenken	J'ai de bons souvenirs de ces vacances.
le sel [sɛl]	Salz	Le sel est sur la table.
ne riez pas [nərijepa]	lachen Sie nicht	*cf.* rire
une odeur [ɔdœr]	Geruch	Vous aimez l'odeur du pain frais?
le rendez-vous amoureux [rɑ̃devuamurø]	Rendezvous	Aline a un rendez-vous amoureux ce soir.
un/une huguenot/e [ygno/ygnɔt]	Hugenotte/Hugenottin	Le prof nous a raconté l'histoire des huguenots.
le refuge [rəfyʒ]	Zuflucht	Quand je suis triste, je vais dans ma chambre, c'est mon refuge.

	essentiel/le [esɑ̃sjɛl]	wesentlich, wichtig	L'eau est essentielle à la vie.
	la base [baz]	Basis	La base de la cuisine française, c'est le pain.
	la cocotte(-minute) [kɔkɔt(minyt)]	Schnellkochtopf	Tu prépares la viande dans la cocotte?
	une image [imaʒ]	Bild	J'ai acheté un beau livre d'images pour mon petit frère.
	sensuel/le [sɑ̃sɥɛl]	sinnlich	C'est un parfum très sensuel.
	la conclusion [kɔ̃klyzjɔ̃]	Schluss, Ende	On arrive à la conclusion de l'émission.
	remercier [rmɛrsje] **qn**	jdm danken	Tu as remercié Vanessa pour son cadeau?
p. 10	**vouloir dire** [vulwardir]	heißen	Qu'est-ce que veut dire ce mot?

LE TEMPS LIBRE **UNITÉ 1**

p. 11

A

sonner [sɔne]	klingeln	Le téléphone sonne!
répondre [repɔ̃dr] **qc à qn**	jdm etw. antworten	Qui répond au téléphone?
oublier [ublije] **qc**	etw. vergessen	J'ai oublié mon sac au café.
quand même [kɑ̃mɛm]	*hier:* doch	Tu ne rentres pas maintenant quand même?
la suite [sɥit]	Folge, Fortsetzung	Quelle est la suite de ton histoire?
le maillot (de bain) [majo(dəbɛ̃)]	Badehose, Badeanzug	On va à la piscine. Prends ton maillot de bain.

p. 12 BONNES VACANCES!

1.

retrouver [rətruve] **qc**	etw. wieder finden	Je n'ai pas retrouvé mon sac.
partir [partir]	wegfahren	Vous partez cet été?
une enquête [ãkɛt]	Umfrage	Selon une enquête du journal *Libération*, les Français aiment faire la fête.
une opération [ɔperasjɔ̃]	*hier:* Aktion	
la mairie [meri]	Rathaus	= hôtel de ville
transformer [trãsfɔrme] **qc en qc**	etw. in etw. verwandeln	Les Lejean ont transformé leur maison en gîte.
le sable [sabl]	Sand	Les enfants adorent jouer dans le sable.
seul/e [sœl]	*hier:* einzige/r	Il n'a plus un seul ami.
bronzer [brɔ̃ze]	bräunen	Tu as bronzé pendant les vacances!
une exposition [ɛkspozisjɔ̃]	Ausstellung	Max a organisé une exposition au musée d'Art moderne.
d'habitude [dabityd]	normalerweise	D'habitude, je vais au travail à 8 h 00.
être au chômage [ɛtroʃomaʒ]	arbeitslos sein	David est au chômage. Il cherche du travail depuis trois mois.
le/la collégien/ne [kɔleʒjɛ̃/kɔleʒjɛn]	Schüler/in der Sekundarstufe I	Les collégiens sont en vacances depuis deux semaines.
la campagne [kãpaɲ]	Land	≠ ville
le/la cousin/e [kuzɛ̃/kuzin]	Cousin/e	J'ai quatre cousins du côté de ma mère.
le château [ʃato]	Schloss	Vous connaissez le château de Villandry en Touraine?

le camping-car [kɑ̃piŋkar]	Wohnwagen	Nous partons en vacances en camping-car.
dormir [dɔrmir]	schlafen	Chut! Le bébé dort.
à la belle étoile [alabɛletwal]	unter freiem Himmel, im Freien	En été, on dort souvent dehors à la belle étoile.
un monde fou [mɔ̃dfu]	riesige Menge	L'été, il y a toujours un monde fou sur les plages.
coûter les yeux de la tête [kutelezjødlatɛt]	ein Vermögen kosten	Ces vacances vont nous coûter les yeux de la tête!
mauvais/e [mɔvɛ/mɔvɛz]	schlecht	≠ bon
le budget [bydʒɛ]	Budget	Nous avons un petit budget pour les vacances.
le dépaysement [depeizmɑ̃]	Umstellung, Fremdheitsgefühl	En vacances, j'aime le dépaysement.
total/e [tɔtal]	total	La surprise était totale.
apprendre [aprɑ̃dr] **qc**	etw. lernen	Pourquoi apprenez-vous le français?
la croisière [krwazjɛr]	Kreuzfahrt	Ma grand-mère part en croisière sur la Méditerranée.
la vallée [vale]	Tal	Dans la vallée, il y a un petit village.
danser [dɑ̃se]	tanzen	*cf.* danse
les thermes [tɛrm] *m. Pl.*	Thermalbäder	Vous connaissez les thermes de Caracalla à Baden-Baden?
merveilleux/euse [mɛrvɛjø/mɛrvɛjøz]	wunderbar	Quelles vacances merveilleuses!
riche [riʃ]	reich	Il y a beaucoup de touristes riches dans cette station thermale.
2.		
le luxe [lyks]	Luxus	Quel luxe, cet hôtel 5 étoiles!

	la liberté [libɛrte]	Freiheit	*cf.* libre
p. 13	**3.**		
	tel/le [tɛl]	solche/r/s	Je n'ai jamais vu un tel luxe.
	4.		
	ensemble [ɑ̃sɑ̃bl]	zusammen	On voit souvent Sophie et Jacques ensemble.
	faire connaissance [fɛrkɔnɛsɑ̃s]	sich kennen lernen	Andrée et Gilles ont fait connaissance en vacances.
	ne … jamais [nəʒamɛ]	nie	Je ne pars jamais sans mon chat.
	au moins [omwɛ̃]	mindestens	Il y a au moins quinze élèves dans le cours.
	la destination [dɛstinasjɔ̃]	Ziel	Où est le train à destination de Genève?
	5.		
	ce que [səkə]	das, was	Ce que j'aime, ce sont les vacances à la mer.
	utiliser [ytilise] **qc**	etw. benutzen	Je n'utilise jamais mon portable dans l'avion.

p. 14 BONNE SOIRÉE!

7.		
la soirée [sware]	Abend	Les soirées d'été sont agréables.
le mail [mɛl]	Email	= mél
le/la chéri/e [ʃeri]	Schatz	Chérie, tu as vu ma montre?
vouloir dire [vulwardir]	meinen	Je ne comprends pas ce que tu veux dire.
non plus [nɔ̃ply]	auch nicht	Thomas ne vient pas non plus à la fête.
sortir [sɔrtir]	herausgehen	Elle est sortie du cinéma à 23 h 00.

le TGV *Abk.* **Train à grande vitesse** [teʒeve/trɛ̃agrɑ̃dvitɛs]	*vgl.* ICE	
non pas [nɔ̃pa]	nicht	Je suis son cousin, et <u>non pas</u> son frère.
passer [pase]	vorbeigehen	Je dois encore <u>passer</u> chez le boulanger avant de rentrer.
rapidement [rapidmɑ̃]	schnell	= vite
descendre [desɑ̃dr]	heruntergehen	Le chat ne veut pas <u>descendre</u> de l'arbre.
le périphérique [periferik]	Ringautobahn (um Paris)	Ne prenez pas le <u>périphérique</u> entre 6 et 9 heures.
une autoroute [otorut]	Autobahn	Vous restez sur <u>l'autoroute</u> jusqu'à Tours-centre.
le cœur [kœr]	Herz	Le <u>cœur</u> est le symbole de l'amour.
le bras [bra]	Arm	Il est arrivé les <u>bras</u> pleins de cadeaux.
téléphoner à [telefɔnea] **qn**	jdn anrufen	*cf.* téléphone
la confirmation [kɔ̃firmasjɔ̃]	Bestätigung	*cf.* confirmer
une impatience [ɛ̃pasjɑ̃s]	Ungeduld	J'attends les vacances avec <u>impatience</u>.
le bisou [bizu]	Kuss	*cf.* bise
tôt [to]	früh	≠ tard

p. 15 9.

une arrivée [arive]	Ankunft	L'<u>arrivée</u> à la gare est prévue à 15 h 55.
sortir [sɔrtir]	ausgehen	On <u>sort</u> ce soir?
sagement [saʒmɑ̃]	artig	
la boîte [bwat]	*ugs.* Disko	Tu viens avec nous? On va en <u>boîte</u> ce soir!
le retour [rətur]	Rückkehr	*cf.* retourner

10.		
rouler [rule]	fahren	Tu roules trop vite!
en tête-à-tête [ɑ̃tɛtatɛt] *m.*	zu zweit, unter vier Augen	Nous avons mangé en tête-à-tête.
11.		
circuler [sirkyle]	herumgehen	Arles est une petite ville. On peut circuler à pied sans problème.

p. 16 | **DOCUMENT**

12.		
accueillir [akøjir] **qn/qc**	jdn/etw. empfangen	Mon frère est venu nous accueillir à la gare.
y [i]	dort	Tu veux aller au sommet? On peut y aller en voiture.
pratiquer [pratike] **qc**	etw. ausüben	Moi, j'aime pratiquer de nombreux sports.
nombreux/euses [nɔ̃brø/nɔ̃brøz]	zahlreich	L'été, les touristes sont nombreux sur les plages.
la visite [vizit]	Besichtigung	Vous avez fait la visite du château?
thermal/e [tɛrmal]	Thermal-	Vichy est une ville thermale.
le volcanisme [vɔlkanism]	Vulkanismus	*cf.* volcan
une exploration [ɛksplɔrasjɔ̃]	Erforschung	L'exploration de ce volcan est très dangereuse.
scientifique [sjɑ̃tifik]	wissenschaftlich	C'est un travail scientifique.
la science [sjɑ̃s]	Wissenschaft	Il aime les sciences de la nature.
divers/e [divɛr/divɛrs]	verschieden	Dans cette région, il y a des paysages très divers.

faire découvrir [fɛrdekuvrir] **qc**	etw. entdecken lassen	Mon cousin m'a fait découvrir la Corse.
le/la visiteur/euse [vizitœr/vizitøz]	Besucher/in	*cf.* visite
la manifestation [manifɛstasjɔ̃]	Manifestation, Anzeichen	
volcanique [vɔlkanik]	vulkanisch	*cf.* volcan
le tremblement (de terre) [trɑ̃bləmɑ̃dtɛr]	(Erd-)Beben	Il y a des tremblements de terre à San Francisco.
à travers [atravɛr]	durch	On est rentrés à travers la forêt.
l'espace [ɛspas] *m.*	Weltraum	Pascal aimerait pouvoir voyager dans l'espace.
le système solaire [sistɛmsɔlɛr]	Sonnensystem	
incandescent/e [ɛ̃kɑ̃desɑ̃]	glühend	
offrir [ɔfrir] **qc**	etw. anbieten	Ils offrent des boissons chaudes.
la reconstitution [rəkɔ̃stitysjɔ̃]	Rekonstruktion	*cf.* reconstituer
la coulée de lave [kuledlav]	Lavastrom	
le spectacle [spɛktakl]	Vorstellung	Il y a un spectacle pour enfants ce soir au théâtre.
une éruption [erypsjɔ̃]	Eruption, Ausbruch	Les éruptions volcaniques sont dangereuses.
grandeur nature [grɑ̃dœrnatyr]	lebensgroß	J'ai une copie grandeur nature de ce tableau à la maison.
la billetterie [bijɛtri]	Kasse	*cf.* billet
sur place [syrplas]	vor Ort	Est-ce qu'on peut manger sur place?
13.		
correspondre à [kɔrɛspɔ̃dra] **qc**	etw. entsprechen	À quoi correspondent les symboles?
14.		
connu/e [kɔny]	bekannt	*cf.* connaître
reconnaître [rəkɔnɛtr] **qn/qc**	jdn/etw. wieder erkennen	Tu as changé, je ne t'ai pas reconnu.

p. 18 REPÈRES

3.

la préparation [preparasjɔ̃]	Vorbereitung	*cf.* préparer
la prononciation [prɔnɔ̃sjasjɔ̃]	Aussprache	La <u>prononciation</u> du français est difficile.
une imagination [imaʒinasjɔ̃]	Fantasie, Vorstellungskraft	Cet enfant a trop d'<u>imagination</u>.
une interrogation [ɛ̃terɔgasjɔ̃]	Frage, Fragestellung	Dans la science, il y a beaucoup <u>d'interrogations</u>.
la discussion [diskysjɔ̃]	Diskussion	Cette <u>discussion</u> sur les volcans est très intéressante.
la comparaison [kɔ̃parɛzɔ̃]	Vergleich	*cf.* comparer
une invitation [ɛ̃vitasjɔ̃]	Einladung	J'ai envoyé toutes les <u>invitations</u> pour la fête.
la consommation [kɔ̃sɔmasjɔ̃]	Verbrauch	Attention à votre <u>consommation</u> de cigarettes!

ÇA ME VA? UNITÉ 2

p. 19 A

aller à [alea] **qn**	jdm stehen	Le rouge ne me <u>va</u> pas du tout.
emporter [ɑ̃pɔrte] **qc**	etw. mitnehmen	Qu'est-ce que tu <u>emportes</u> pour les vacances?
le chemisier [ʃəmizje]	Bluse	Elle porte un <u>chemisier</u> à fleurs.
le soutien-gorge [sutjɛ̃gɔrʒ]	Büstenhalter	Elle porte un <u>soutien-gorge</u> bleu.

le slip [slip]	Slip	Elle porte un slip vert.
le collant [kɔlɑ̃]	Strumpfhose	Quand il fait froid, je mets un collant.
la laine [lɛn]	Wolle	Prenez des pulls en laine pour la randonnée.
le coton [kɔtɔ̃]	Baumwolle	Ma jupe est en coton.
le cuir [kɥir]	Leder	J'ai acheté un sac en cuir.
le synthétique [sɛ̃tetik]	Synthetik	Je n'aime pas le synthétique.
le lin [lɛ̃]	Leinen	L'été, j'aime porter des pantalons en lin.
la soie [swa]	Seide	Julie porte un chemisier en soie.
l'un/l'une après l'autre [lɛ̃/lynaprɛlotr]	einer nach dem anderen	= à tour de rôle
dernièrement [dɛrnjɛrmɑ̃]	vor kurzem, neulich	Vous êtes allé au cinéma dernièrement?

p. 20

AFFAIRES DE RECHANGE

1.		
les affaires de rechange *f. Pl.* [afɛrdərʃɑ̃ʒ]	Kleidung zum Wechseln	Emportez des affaires de rechange!
à votre avis [avɔtravi]	Ihrer Meinung nach	À votre avis, quelle est la solution?
voler [vɔle] **qc**	etw. stehlen	On a volé la voiture de M. Durand.
Au voleur! [ovɔlœr]	Haltet den Dieb!	
2.		
la proposition [prɔpozisjɔ̃]	Vorschlag	*cf.* proposer
la dame [dam]	Dame	Il a volé le sac de la dame.
être sonné/e [ɛtrəsɔne]	*ugs.* groggy sein	Il est resté trop longtemps au soleil. Il est sonné.
tant mieux [tɑ̃mjø]	um so besser	■ Je peux venir ce soir. ▲ Ah, tant mieux!

trempé/e [trɑ̃pe]	durchnässt	Il pleut. Prends un parapluie, sinon tu vas être trempé.
sale [sal]	schmutzig	≠ propre
il faut … [ilfo]	man muss …	Pour être en forme, il faut faire du sport.
mettre [mɛtr] **qc**	*hier:* etw. abgeben	Tu as mis ta lettre à la poste?
le pressing [presiŋ]	Reinigung	Il y a un pressing dans ma rue.
aucun/e [okɛ̃/okyn]	keine/r/s	Je n'ai aucune affaire de rechange.
un entretien [ɑ̃trətjɛ̃]	Gespräch	J'ai un entretien avec le chef cet après-midi.
une embauche [ɑ̃boʃ]	Einstellung	On m'a proposé une embauche.
la panique [panik]	Panik	Il a eu un moment de panique.
avoir besoin de [avwarbəzwɛ̃də] **qn/qc**	jdn/etw. brauchen	J'ai vraiment besoin de vacances!
la protestation [prɔtɛstasjɔ̃]	Protest(-aktion)	Il suit le policier sans aucune protestation.
tout/e neuf/ve [tunœf/tutnœv]	ganz neu	Ma veste est toute neuve.
à peu près [apøprɛ]	ungefähr	■ Tu connais le chemin pour venir? ▲ Oui, à peu près.
assorti/e à [asɔrtia] **qc**	passend zu etw.	Je n'ai pas de chaussures assorties à mon costume.
la machine à laver [maʃinalave]	Waschmaschine	Notre machine à laver ne marche plus.
laver [lave] **qc**	etw. waschen	On ne peut pas laver ce pull en machine.
repasser [rəpase] **qc**	etw. bügeln	Je dois repasser ma jupe.
gêner [ʒene] **qn**	jdn stören, in Verlegenheit bringen	Ça vous gêne si je fume?

p. 21

3.

classer [klase] **qc**	etw. ordnen, sortieren	La secrétaire classe les documents.
éventuellement [evɑ̃tɥɛlmɑ̃]	eventuell, unter Umständen	On peut éventuellement se retrouver après le travail.

un état [eta]	Zustand	Mon pantalon est en mauvais état!
un entretien [ɑ̃trətjɛ̃]	Pflege	Tu as lu les conseils d'entretien de cette veste?
le rangement [rɑ̃ʒmɑ̃]	Verstauen, Aufräumen	J'ai besoin de plus de lieux de rangement dans ma chambre.
6.		
la vitrine [vitrin]	Schaufenster	J'ai vu un beau manteau dans la vitrine.
tiens [tjɛ̃]	*hier:* bitte	Tiens, voilà ton journal!
7.		
nommer [nɔme] **qc/qn**	etw./jdn benennen	Nommez deux rivières françaises.

p. 22

VOUS N'AURIEZ PAS UN 42 ?

8.		
(vous) auriez … [(vuz)ɔrje]	hätten (Sie)	Vous n'auriez pas le même pantalon en 38?
raisonnable [rɛzɔnabl]	vernünftig	Ce n'est pas raisonnable de rouler en voiture par ce temps-là.
avant de [avɑ̃də]	bevor	Il faut bien fermer les fenêtres avant de sortir.
réfléchir [refleʃir]	überlegen, nachdenken	J'ai réfléchi : j'accepte votre proposition.
joli/e [ʒɔli]	hübsch, schön	= beau
la cabine [kabin]	Umkleidekabine	Désolée, toutes nos cabines sont occupées pour l'instant.
serré/e [sere]	*hier:* knapp	Cette jupe est trop serrée, je vais l'échanger.

grossir [grosir] **qn**	*hier:* jdn dick machen	Ce pantalon me grossit.
avoir raison [avwarrɛzɔ̃]	Recht haben	Vous avez raison, cette couleur ne me va pas.
au-dessus [odəsy]	darüber	Vous n'auriez pas la taille au-dessus?
revenir [rəvənir]	zurückkommen	Le beau temps va revenir.
superbe [sypɛrb]	wunderschön, herrlich	Il fait un temps superbe aujourd'hui.
sévère [sevɛr]	streng	Notre professeur est sévère.
sérieux/euse [serjø/serjøz]	ernst	Quand il travaille, il est toujours très sérieux.
pourriez-vous ...? [purjevu]	könnten Sie	Pourriez-vous ouvrir la fenêtre, s'il vous plaît?
enlever [ɑ̃lve] **qc**	etw. wegnehmen	Tu peux enlever tes pieds de la chaise, s'il te plaît?
une étiquette [etikɛt]	Etikett, Preisschild	Excusez-moi, il n'y a pas d'étiquette sur ce vêtement.
en dessous [ɑ̃dəsu]	darunter	≠ au-dessus
la chaîne [ʃɛn]	Kette	Beaucoup achètent leurs vêtements dans des chaînes de magasins.
la marque [mark]	Marke	Les vêtements de marque sont toujours plus chers.
indépendant/e [ɛ̃depɑ̃dɑ̃/ɛ̃depɑ̃dɑ̃t]	unabhängig	Il y a un petit cinéma indépendant près de chez moi.
la grande surface [grɑ̃dsyrfas]	Supermarkt	J'ai acheté ce chemisier dans une grande surface.
par correspondance [parkɔrɛspɔ̃dɑ̃s]	*hier:* Versandhausbestellung	J'achète peu par correspondance.
le circuit [sirkɥi]	*hier:* Verkaufsnetz	

une usine [yzin]	Fabrik	Son oncle travaille à l'usine Peugeot.
les soldes [sɔld] *m. Pl.*	Schlussverkauf	Les soldes d'été n'ont pas encore commencé.
représenter [rəprezɑ̃te] **qc**	*hier:* ausmachen	
un achat [aʃa]	Einkauf	Je fais tous mes achats en grande surface.
9.		
contraire [kɔ̃trɛr]	entgegengesetzt	Ils sont d'avis contraires.
amincir [amɛ̃sir] **qn**	jdn schlanker machen	≠ grossir
10.		
le défilé de mode [defiledmɔd]	Modeschau	J'ai vu la collection automne-hiver au défilé de mode.
p. 23 **11.**		
jeter [ʒəte] **qc**	etw. werfen	Tu peux jeter ce papier.
chacun/e [ʃakɛ̃/ʃakyn]	jede/r/s	Chacun apporte quelque chose à manger.
finir [finir]	enden	À quelle heure finit le film?
rougir [ruʒir]	rot werden	Il a rougi.
12.		
le commentaire [kɔmɑ̃tɛr]	Kommentar, Bemerkung	Pas de commentaires sur cette histoire, s'il vous plaît.
rien [rjɛ̃]	nichts	Rien n'a changé.
normalement [nɔrmalmɑ̃]	normalerweise	= d'habitude
13.		
fermer [fɛrme] **qc**	etw. schließen	Le magasin ferme à 20 h 00.
la photocopie [fɔtɔkɔpi]	Fotokopie	Il me faut des photocopies de ce dossier.

expliquer [ɛksplike] **qc à qn**	jdm etw. erklären	Expliquez au chef pourquoi vous ne pouvez pas venir.
14.		
le compliment [kɔ̃plimɑ̃]	Kompliment	Julie est très bien habillée. Marc lui fait des compliments.

p. 24 **DOCUMENT**

15.		
employer [ɑ̃plwaje] **qc**	etw. verwenden	= utiliser
changer d'avis comme de chemise [ʃɑ̃ʒedavikɔmdəʃəmiz]	seine Meinung ständig ändern	Ma sœur ne veut plus partir en vacances. Elle change d'avis comme de chemise.
faire la manche [fɛrlamɑ̃ʃ]	betteln	Il y a toujours des gens qui font la manche dans le métro.
remonter les bretelles à [rəmɔ̃telebrətɛla] **qn**	jdm die Leviten lesen	Son chef lui remonte les bretelles.
prendre des gants [prɑ̃drədegɑ̃]	mit Samthandschuhen anfassen	Avec elle, il faut toujours prendre des gants!
prendre une veste [prɑ̃drynvɛst]	eine Schlappe erleiden	Si je vais à cet entretien, j'ai peur de prendre une veste!
trouver chaussure à son pied [truveʃosyrasɔ̃pje]	die/den Richtige/n finden	Il n'a pas encore trouvé chaussure à son pied.
travailler du chapeau [travajedyʃapo]	spinnen	Cet homme travaille du chapeau.
retourner sa veste [rəturnesavɛst]	sein Fähnchen nach dem Wind drehen	Mon frère a retourné sa veste. Il est parti aux États-Unis.

16.

la B.D. [bede]	*Abk. für* bande dessinée	Je collectionne les B.D. de Lucky Luke.
la peur [pœr]	Angst	J'ai peur de l'avion.

LE PASSÉ RETROUVÉ **UNITÉ 3**

p. 27 A

la coccinelle [kɔksinɛl]	(Marien-)Käfer	Les coccinelles de VW sont très célèbres.
familial/e [familjal]	Familien-	Nous passons nos vacances dans la maison familiale.

p. 28 LA FAMILLE IMPARFAITE

1.

imparfait/e [ɛ̃parfɛ/ɛ̃parfɛt]	unvollkommen, nicht perfekt	Sans le marié, la photo reste imparfaite.
le/la marié/e [marje]	Bräutigam/Braut	Regarde, les mariés sortent de l'église.
le grand-père [grɑ̃pɛr]	Großvater	≠ grand-mère
la tante [tɑ̃t]	Tante	Ma tante et mes cousins viennent pour le week-end.
le neveu [nəvø]	Neffe	J'ai trois neveux.
le beau-frère [bofrɛr]	Schwager	Ma sœur et mon beau-frère habitent à la campagne.
la nièce [njɛs]	Nichte	≠ neveu

2.

le/la photographe [fɔtɔgraf]	Fotograf/in	On va faire des photos chez le photographe.
presque [prɛsk]	fast	Il n'y a presque plus de gâteau.
ne … plus que [nəplykə]	nur	Il ne reste plus que trois invités.
au milieu [omiljø]	in der Mitte	Il y a une fontaine au milieu de la place.
un oncle [ɔ̃kl]	Onkel	≠ tante
la belle-mère [bɛlmɛr]	Schwiegermutter	Ma belle-mère s'appelle Louise.
le beau-père [bopɛr]	Schwiegervater	≠ belle-mère
la belle-sœur [bɛlsœr]	Schwägerin	≠ beau-frère
les nouvelles [nuvɛl] *f. Pl.*	Nachricht	Vous avez des nouvelles des mariés?
il y a [ilja]	vor (+ Zeitangabe)	Maxime est parti il y a deux jours.
le quart d'heure [kardœr]	Viertelstunde	Je reviens dans un quart d'heure.
tout à l'heure [tutalœr]	soeben, gerade	Il nous a parlé tout à l'heure au téléphone.
fumer [fyme] **qc**	etw. rauchen	Ça vous dérange si je fume?
le cigare [sigar]	Zigarre	Henri fume un cigare.
raconter [rakɔ̃te] **qc à qn**	jdm etw. erzählen	Tu nous racontes une histoire?
une enfance [ɑ̃fɑ̃s]	Kindheit	*cf.* enfant
sûrement [syrmɑ̃]	sicherlich	Il va sûrement téléphoner ce soir.
le gendre [ʒɑ̃dr]	Schwiegersohn	Mon gendre est plus jeune que ma fille.
montrer [mɔ̃tre] **qc**	etw. zeigen	Tu nous montres ton album de photos?
une attention [atɑ̃sjɔ̃]	Aufmerksamkeit	Est-ce que je peux avoir votre attention cinq minutes?
fiancé/e [fjɑ̃se]	verlobt	Marc et Sophie étaient longtemps fiancés.
épouser [epuze] **qn**	jdn heiraten	

passer [pase]	vergehen	Le temps passe trop vite en vacances.
partout [partu]	überall	Mon neveu a déjà voyagé partout en Europe.
tiens [tjɛ̃]	*hier:* Sieh mal einer an!, Ach!	Oh, tiens, il pleut!
p. 29 **3.**		
la belle-fille [bɛlfij]	Schwiegertochter	≠ gendre
4.		
souligner [suliɲe] **qc**	etw. unterstreichen	
placer [plase] **qn/qc**	jdn/etw. stellen, setzen	Pour la photo, le photographe a bien placé les gens.
la racine [rasin]	Stamm	Quelle est la racine du verbe *fumer*?
5.		
tu sais [tysɛ]	du weißt	*cf.* savoir
tomber amoureux/euse de [tɔ̃beamurø/amurøzdə] **qn/qc**	sich in jdn/etw. verlieben	Ma tante est tombée amoureuse de Paris.
séduit/e [sedɥi/sedɥit]	bezaubert, hingerissen	Je suis séduite à l'idée de partir en croisière.
6.		
faire du bruit [fɛrdybrɥi]	Lärm, Krach machen	Il est tard, ne faites pas de bruit.
le/la cuisinier/ère [kɥizinje/kɥizinjɛr]	Koch/Köchin	Mes compliments à la cuisinière!
7.		
poser [poze]	Modell stehen	Vous voulez bien poser pour la photo?
mimer [mime] **qc/qn**	etw./jdn nachahmen	Pour jouer, chacun mime un métier.

p. 30 **AVIS DE RECHERCHE**

8.

un avis de recherche [avidərəʃɛrʃ]	Vermisstenanzeige	Tu as lu l'avis de recherche?
disparaître [disparɛtr]	verschwinden	Oh non, mon vélo a disparu!
vivre [vivr]	leben	Mes cousins vivent au Canada.
étrange [etrɑ̃ʒ]	merkwürdig	Ce bruit est étrange.
la disparition [disparisjɔ̃]	Verschwinden	*cf.* disparaître
être habillé/e [ɛtrabije]	angezogen sein	Il est midi et tu n'es pas encore habillé?
ne … ni [nə … ni]	weder … noch	Je ne mange pas de viande ni d'œufs.
une explication [ɛksplikasjɔ̃]	Erklärung	*cf.* expliquer
le/la fiancé/e [fjɑ̃se]	Verlobte/r	Bertrand est le fiancé de Solange.
le lendemain [lɑ̃dəmɛ̃]	Tag darauf, folgender Tag	Il est revenu le lendemain.
même pas [mɛmpa]	nicht einmal	Il n'a même pas sonné avant d'ouvrir la porte.
entendre parler de [ɑ̃tɑ̃drəparledə] **qn/qc**	von jdm/etw. hören	Vous avez entendu parler du volcan de la Réunion?
le repère [rəpɛr]	Orientierungspunkt	Je n'ai pas encore mes repères dans cette ville.
le bac(calauréat) [bak(alɔrea)]	*Abk.* Abitur	Julien passe son bac cette année.
le service militaire [sɛrvismilitɛr]	Militärdienst	Il a fait son service militaire à l'étranger.
conduire [kɔ̃dɥir] **qc**	etw. fahren	Bertrand sait conduire un camion.
le camion [kamjɔ̃]	Lastwagen	Il y a beaucoup de camions sur l'autoroute.
le garçon [garsɔ̃]	Junge	
sans histoire [sɑ̃zistwar]	problemlos, unauffällig, ruhig	J'ai une vie calme et sans histoire.

personnel/le [pɛrsɔnɛl]	des persönlichen Gebrauchs	Elle emporte ses affaires personnelles.
quitter [kite] **qn/qc**	jdn verlassen, etw. aufgeben	Il a quitté sa femme.
passionné/e de [pasjɔnedə] **qc**	– Fan, – Begeisterte/r	Marc est passionné de foot.
la dispute [dispyt]	Streit	Après une dispute avec son père, il est parti.
p. 31 9.		
la circonstance [sirkɔ̃stɑ̃s]	Umstand	Il a disparu dans d'étranges circonstances.
10.		
curieux/euse [kyrjø/kyrjøz]	neugierig, interessiert	Je lis toujours la fin du livre en premier: je suis très curieux.
en colère [ɑ̃kɔlɛr]	aufgebracht, verärgert	Il était en colère après sa dispute avec son père.
heureux/euse [ørø/ørøz]	glücklich	Nicolas est heureux avec Nathalie.
indifférent/e [ɛ̃diferɑ̃/ɛ̃diferɑ̃t]	gleichgültig	Il était indifférent aux commentaires de son chef.
nerveux/euse [nɛrvø/nɛrvøz]	nervös, empfindlich	Il était nerveux avant son entretien d'embauche.
surpris/e [syrpri/syrpriz]	überrascht	Il est surpris par cette découverte.
un état d'esprit [etadɛspri]	Einstellung, Geisteshaltung	
11.		
un encadré [ɑ̃kadre]	*hier:* Kasten	Il a lu son nom dans un encadré.
avoir envie de [avwarɑ̃vidə] **qc**	auf etw. Lust haben	J'ai envie de voyager.
une entrée [ɑ̃tre]	Eintritt, *hier:* Aufnahme	Depuis son entrée à l'université, il travaille beaucoup.
le/la bibliothécaire [biblijɔtekɛr]	Bibliothekar/in	Il faut demander à la bibliothécaire où on peut trouver ce livre.

le mariage [marjaʒ]	Hochzeit	Nous sommes invités au mariage de Luc et Chloé.
un argent [arʒɑ̃]	Geld	L'argent ne fait pas le bonheur!
la banlieue [bɑ̃ljø]	Vorort	Nous vivons dans la banlieue de Lyon.
le rêve [rɛv]	Traum	Mon rêve, c'est de partir à la Réunion.
le boulot [bulo]	*ugs.* Arbeit, Job	Il n'y a pas de boulot pour les étudiants.
le/la livreur/euse [livrœr/livrøz]	Auslieferer/in	Le livreur apporte un grand sac.
le veilleur [vɛjœr]	Wächter	Paul est veilleur de nuit dans un grand magasin.
le diplôme [diplom]	Diplom	Mon frère a un diplôme d'informaticien.
fier/ère [fjɛr]	stolz	Il est très fier de ses enfants.
la clinique [klinik]	Klinik	Il est sorti de la clinique vendredi dernier.
contacter [kɔ̃takte] **qn**	sich mit jdm in Verbindung setzen	Tu as contacté Jean-Claude?
12.		
autrefois [otrəfwa]	damals	Autrefois, la vie était plus simple.
le contact [kɔ̃takt]	Kontakt, Beziehung	*cf.* contacter

p. 32

DOCUMENT

13.		
le choix [ʃwa]	Wahl	Je n'ai pas le choix: je dois partir.
une amitié [amitje]	Freundschaft	Leur amitié dure depuis vingt ans.
le partage [partaʒ]	Teilung, Teilen	*cf.* partager
un échange [eʃɑ̃ʒ]	Austausch	*cf.* échanger
si [si]	*hier:* so	La vie à Paris est si chère!

laisser [lese]	lassen	J'ai laissé ma voiture au parking.
terminer [tɛrmine] **qc**	etw. beenden, abschließen	Jacques a terminé ses études.
14.		
étudier [etydje] **qc**	etw. studieren	Qu'est-ce que tu étudies?
la philosophie [filɔzɔfi]	Philosophie	J'étudie la philosophie.
le/la lecteur/lectrice [lɛktœr/lɛktris]	Leser/in	*cf.* lire
la maison d'édition [mɛzɔ̃dedisjɔ̃]	Verlag	Je travaille dans une maison d'édition.
différent/e [diferɑ̃/diferɑ̃t]	unterschiedlich, verschieden	Ils ont des avis très différents sur la question.
obtenir [ɔptənir] **qc**	etw. bekommen, erhalten	Il a obtenu un visa pour les États-Unis.
le roman [rɔmɑ̃]	Roman	Il ne lit que des romans d'amour.
littéraire [literɛr]	literarisch	*cf.* littérature
adapter [adapte] **qc**	etw. bearbeiten, adaptieren	Ils ont adapté ce roman au cinéma.

UN PEU DE CULTURE **UNITÉ 4**

p. 35 | **A**

la culture [kyltyr]	Kultur	*cf.* culturel
le chant [ʃɑ̃]	Gesang	J'ai pris des cours de chant.
une écriture [ekrityr]	Schreiben	*cf.* écrire
les arts plastiques [arplastik] *m. Pl.*	bildende Kunst	Marie aime beaucoup les arts plastiques.
intéresser [ɛ̃terese] **qn**	jdn interessieren	L'art moderne, ça ne m'intéresse pas.
s'intéresser à [sɛ̃teresea] **qn/qc**	sich für jdn/etw. interessieren	Tu t'intéresses au théâtre?
artistique [artistik]	künstlerisch, kunstvoll	Le chant est une activité artistique.

la chorale [kɔral]	Chor	Ma sœur chante dans une chorale.
sous [su]	unter	≠ sur
le journal intime [ʒurnalɛ̃tim]	Tagebuch	Jean écrit un journal intime.
le poème [poɛm]	Gedicht	Vous connaissez les poèmes de Verlaine?
faire la cuisine [fɛrlakɥizin]	kochen	Qui fait la cuisine ce soir?

p. 36 LE MONDE DE LA PEINTURE

1.

symbolique [sɛ̃bɔlik]	symbolisch	
le feu [fø]	Feuer	Les feux de forêt sont nombreux en été.
hésiter à [ezitea]	zögern	Il ne faut pas hésiter à venir nous voir.
drôle [drol]	lustig	Je trouve cet acteur très drôle.
le clin d'œil [klɛ̃dœj]	Augenzwinkern	Jean-Paul m'a fait un clin d'œil.
le mystère [mistɛr]	Geheimnis	Sa disparition reste un mystère.
mystérieux/euse [misterjø/misterjøz]	geheimnisvoll	Pour Morgane, le jeu est l'élément le plus mystérieux.
magique [maʒik]	magisch	C'est magique!
fou/folle [fu/fɔl]	verrückt	Tu es fou de vouloir partir à cette heure-là.
le plomb [plɔ̃]	Blei	
un or [ɔr]	Gold	Claude a acheté une montre en or.
la sensibilité [sɑ̃sibilite]	Sensibilität, Empfindsamkeit	Cet acteur a beaucoup de sensibilité.
le savoir [savwar]	Wissen	Son savoir est sans limite.
le regard [rəgar]	Blick	Il a un regard très froid.
le spectateur/trice [spɛktatœr/spɛktatris]	Zuschauer/in	Il y avait peu de spectateurs au théâtre.

en même temps [ɑ̃mɛmtɑ̃]	gleichzeitig	Ils sont arrivés en même temps au rendez-vous.
propre [prɔpr]	eigen	Son fils a maintenant sa propre voiture.
la technique [tɛknik]	Technik	Quelle technique utilisez-vous pour peindre?
illustrer [ilystre] **qc**	etw. illustrieren	Il faut des photos pour illustrer cette page.
la maquette [makɛt]	Layout	Anna a fait la maquette de ce livre.
une école maternelle [ekɔlmatɛrnɛl]	Kindergarten	En France, les enfants vont à l'école maternelle très tôt.
le/la peintre [pɛ̃tr]	Maler/in	*cf.* peinture
exposer [ɛkspoze]	ausstellen	*cf.* exposition
2.		
remplacer [rɑ̃plase] **qn/qc**	jdn vertreten/etw. ersetzen	Pendant les vacances, Luc a remplacé son collègue Pierre.
3.		
tout simplement [tusɛ̃pləmɑ̃]	ganz einfach	Il a tout simplement oublié notre rendez-vous!
p. 37 **4.**		
passionnant/e [pasjɔnɑ̃/pasjɔnɑ̃t]	faszinierend, spannend	*cf.* passionné
meilleur/e [mɛjœr]	besser	Elle est meilleure que son frère à l'école.
5.		
un extrait [ɛkstrɛ]	Auszug	Tu as vu des extraits de ce film?
une harmonie [armɔni]	Harmonie	L'harmonie du couple est importante pour les enfants.
peindre [pɛ̃dr] **qc**	etw. malen	Monet a peint beaucoup de paysages.

le coquillage [kɔkijaʒ]	Muschel	Ma nièce collectionne les coquillages.
symboliser [sɛ̃bɔlize] **qc**	etw. symbolisieren	*cf.* symbole
la mort [mɔr]	Tod	Dans ce poème, l'hiver symbolise la mort.
la matière [matjɛr]	Material, Stoff	Ce peintre utilise toutes les matières possibles.
le passage [pasaʒ]	Übergang	Ce livre raconte le passage de la vie à la mort.
le changement [ʃɑ̃ʒmɑ̃]	Veränderung	Dans la vie, il y a souvent des changements.
une initiation [inisjasjɔ̃]	Initiation; Einführung	C'est une initiation à la peinture.
une évolution [evɔlysjɔ̃]	Entwicklung	Il s'intéresse à l'évolution de l'homme.
le progrès [prɔgrɛ]	Fortschritt	Les progrès de la science sont fabuleux.
arriver [arive] **à**	etw. erreichen	Cet auteur est arrivé au succès très tard.
difficile [difisil]	schwierig	C'est une œuvre difficile à comprendre.
un instinct [ɛ̃stɛ̃]	Instinkt	Les chats ont un instinct très développé.
instinctif/ve [ɛ̃stɛ̃ktif/ɛ̃stɛ̃ktiv]	instinktiv	
extraordinaire [ɛkstraɔrdinɛr]	außerordentlich, ungewöhnlich	J'ai une chance extraordinaire dans la vie.
créer [kree] **qc**	etw. schaffen, kreieren	Morgane crée de belles choses.
6.		
positif/ve [pozitif/pozitiv]	positiv	Je n'ai eu que des commentaires positifs.
une indifférence [ɛ̃diferɑ̃s]	Gleichgültigkeit	*cf.* indifférent
négatif/ve [negatif/negativ]	negativ	≠ positif
plaire à [plɛra] **qn**	jdm gefallen	Ce film t'a plu?
faire penser [fɛrpɑ̃se] **à qn/qc**	jdn an jdn/etw. erinnern	Ce paysage me fait penser à l'Italie.

p. 38 AU PAYS DES LIVRES

7.

les arts graphiques [argrafik] *m. Pl.*	Grafik	
mourir [murir]	sterben	Dans ma rue, les arbres meurent.
lentement [lɑ̃tmɑ̃]	langsam	Il roulait trop lentement sur l'autoroute.
sauver [sove] **qn/qc**	jdn/etw. retten	Le médecin lui a sauvé la vie.
savoir [savwar]	wissen	Tu sais quelle heure il est?
un atelier [atəlje]	Werkstatt, Atelier	L'artiste travaille dans son atelier.
fabriquer [fabrike] **qc**	etw. herstellen	Comment est-ce qu'on fabrique le papier?
la feuille [fœj]	Blatt	J'écris sur une feuille de papier.
imprimer [ɛ̃prime] **qc**	etw. drucken	On a imprimé cent mille exemplaires de son livre.
repartir [rəpartir]	weggehen	Nous sommes repartis très contents de ce séjour à Montolieu.
assister à [asistea] **qc**	an etw. teilnehmen	Vous avez assisté à la réunion?
la conférence [kɔ̃ferɑ̃s]	Konferenz, Vortrag	La conférence a lieu dans la salle 210.
un auteur [otœr]	Autor/in	Simenon est mon auteur préféré.
gratuit/e [gratɥi/gratɥit]	kostenlos	À Paris, les collections permanentes des musées de la ville sont gratuites.
le mur [myr]	Wand, Mauer	J'ai peint les murs de la cuisine en bleu.
rêver [reve]	träumen	*cf.* rêve
une association [asɔsjasjɔ̃]	Verein	Je travaille dans une association sportive.
rencontrer [rɑ̃kɔ̃tre] **qn**	jdn treffen	Vous avez déjà rencontré les auteurs du livre?

un écrivain [ekrivɛ̃]	Schriftsteller/in	Balzac est un écrivain célèbre.
un/une illustrateur/trice [ilystratœr/ilystratris]	Illustrator/in	*cf.* illustrer
la librairie [libreri]	Buchhandlung	L'écrivain présente son livre à la librairie.
rare [rar]	selten	Dans cette librairie, il y a des livres rares.
ancien/ne [ɑ̃sjɛ̃/ɑ̃sjɛn]	alt, antiquarisch	Mon grand-père adore les voitures anciennes.
peut-être [pøtɛtr]	vielleicht	■ Tu viens demain? ▲ Oui, peut-être.
manuel/le [manɥɛl]	Hand-, manuell	Sophie aime le travail manuel.

p. 39

8.

le secours [səkur]	Hilfe	Il fallait le secours d'un policier.
le/la libraire [librɛr]	Buchhändler/in	*cf.* librairie
le Pays de Galles [peidəgal]	Wales	Bristol est une ville du Pays de Galles.
faire venir [fɛrvənir] **qn**	jdn kommen lassen	Le professeur a fait venir un écrivain en classe.
le/la marchand/e [marʃɑ̃/marʃɑ̃d]	Verkäufer/in	J'achète toujours mes légumes à cette marchande.
attirer [atire] **qn/qc**	jdn/etw. anziehen	Cette église attire les touristes dans le village.

9.

le genre de [ʒɑ̃rdə]	Gattung, *hier:* Art, Sorte	J'aime bien ce genre de livres.
un essai [esɛ]	Essay	Il s'agit d'un essai sur l'art moderne.
emprunter [ɑ̃prɛ̃te] **qc à qn**	sich bei jdm etw. ausleihen	Je peux t'emprunter ton CD de Linda Lemay?

11.		
un/une imprimeur/euse [ɛ̃primœr/ɛ̃primøz]	Buchdrucker/in	*cf.* imprimer

p. 40 DOCUMENT

14.		
relever [rələve] **qc**	etw. feststellen, notieren	Vous avez relevé des problèmes dans ce texte?
imagé/e [imaʒe]	bildhaft	*cf.* image
le jeu de mots [ʒødəmo]	Wortspiel	Jeanne adore faire des jeux de mots.
le sens littéral [sɑ̃sliteral]	eigentlicher/wörtlicher Sinn	Ne prenez pas ce texte au sens littéral.
la seconde [səgɔ̃d]	Sekunde	Attendez une seconde, j'arrive!
utile [ytil]	nützlich	Un portable, c'est parfois très utile!
compter [kɔ̃te]	zählen	Mathieu sait compter jusqu'à vingt.
la main [mɛ̃]	Hand	Donne-moi la main pour traverser.

PAS DE CHANCE ! UNITÉ 5

p. 47 A

le sourire [surir]	Lächeln	Le bébé fait déjà des beaux sourires.
la caricature [karikatyr]	Karikatur	J'ai fait une caricature de notre professeur.
se passer [səpase]	geschehen, passieren	C'est quoi ce bruit? Qu'est-ce qui se passe?
la panne [pan]	Panne	La voiture est en panne.

le pneu [pnø]	Reifen	Il faut changer le pneu du camping-car.
crever [krəve]	platzen	Le pneu a crevé sur l'autoroute.
la roue [ru]	Rad	Il faut toujours avoir une roue de secours dans sa voiture.
le coffre [kɔfr]	Kofferraum	Le coffre de la voiture est plein.

p. 48 UN JOUR DE POISSE

1.

la poisse [pwas]	Pech	≠ chance
le script [skript]	Drehbuch	Qui a écrit le script de ce film?
la mascotte [maskɔt]	Maskottchen	
le porte-bonheur [pɔrtbɔnœr]	Glücksbringer	Mon porte-bonheur à moi, c'est un trèfle à quatre feuilles.
sourire [surir]	lächeln	Souriez, c'est pour une photo!
se lever [səlәve]	aufstehen	Tu te lèves à quelle heure le matin?
une humeur [ymœr]	Laune	Mon patron était de bonne humeur aujourd'hui.
s'asseoir [saswar]	sich hinsetzen	Asseyez-vous, le spectacle va commencer.
se brûler [səbryle]	sich verbrennen	C'est chaud, tu vas te brûler!
se dépêcher [sədepeʃe]	sich beeilen	Dépêchons-nous, on va être en retard!
se tromper [sətrɔ̃pe]	sich irren, etw. verwechseln	Oh, excusez-moi, je me suis trompé de porte!
se mettre [səmɛtr]	sich hinstellen, hinsetzen, hinlegen	Tu peux te mettre derrière pour la photo?

la caméra [kamera]	Kamera	La caméra du journaliste est en panne.
s'endormir [sɑ̃dɔrmir]	einschlafen	Ne vous endormez pas au volant.
tomber [tɔ̃be]	umfallen	Mon portable est tombé. Il ne marche plus.
p. 49 2.		
une erreur [erœr]	Fehler	Vous avez relevé des erreurs dans ce texte?
3.		
se promener [səprɔməne]	spazieren gehen	On va se promener sur la plage.
se doucher [səduʃe]	duschen	Je me douche chaque matin.
se marier [səmarje]	heiraten	*cf.* mariage
se perdre [səpɛrdr]	sich verlaufen, sich verfahren	Il s'est perdu en voiture dans Paris.
se calmer [səkalme]	sich beruhigen	Calmez-vous, tout va bien maintenant!
4.		
en général [ɑ̃ʒeneral]	in der Regel, im Allgemeinen	En général, je dors la fenêtre ouverte.
se réveiller [səreveje]	aufwachen	Elle se réveille souvent la nuit.
5.		
porter bonheur [pɔrtebɔnœr]	Glück bringen	Le chiffre 8 me porte bonheur.
porter malheur [pɔrtemalœr]	Unglück bringen	≠ porter bonheur
un trèfle [trɛfl]	Kleeblatt	J'ai trouvé un trèfle à quatre feuilles.
une échelle [eʃɛl]	Leiter	J'ai besoin d'une échelle pour ouvrir cette fenêtre.
croiser [krwaze] **qc**	etw. kreuzen	Il croise souvent les bras.
le doigt [dwa]	Finger	Attention à tes doigts, je ferme la porte!
toucher [tuʃe] **qn/qc**	jdn/etw. berühren, anfassen	Ne touchez pas le mur. La peinture est encore fraîche.
le bois [bwa]	Holz	Il habite une maison en bois.

un œillet [œjɛ]	Nelke	
un enterrement [ɑ̃tɛrmɑ̃]	Beerdigung	L'enterrement a lieu au cimetière du village.
le cimetière [simtjɛr]	Friedhof	Vous êtes déjà allé au cimetière du Père-Lachaise à Paris?
superstitieux/euse [sypɛrstisjø/sypɛrstisjøz]	abergläubisch	Je ne sors pas un vendredi 13, je suis superstitieuse.
6.		
un examen [ɛgzamɛ̃]	Prüfung	L'examen du bac est en juin.
pluvieux/euse [plyvjø/plyvjøz]	regnerisch	*cf.* pluie

p. 50

BONNE ROUTE !

7.		
le/la garagiste [garaʒist]	Automechaniker/in	Le garagiste nous appelle quand la voiture est prête.
le commandement [kɔmɑ̃dmɑ̃]	Gebot	À l'église, on nous a parlé des dix commandements.
le/la conducteur/trice [kɔ̃dyktœr/kɔ̃dyktris]	Fahrer/in	Vous achetez votre ticket à la conductrice du bus.
le pare-brise [parbriz]	Windschutzscheibe	Le pare-brise est trop sale, je ne vois rien.
la ceinture [sɛ̃tyr]	Gürtel	Tout le monde a mis sa ceinture?
prudemment [prydamɑ̃]	vorsichtig	Roulez prudemment sur l'autoroute.
ni … ni [ni … ni]	weder … noch	Pierre n'a ni voiture ni vélo.
respecter [rɛspɛkte] **qc/qn**	etw./jdn beachten	Il faut respecter les autres conducteurs.

le code de la route [kɔddəlarut]	Straßenverkehrsordnung	Il faut apprendre le code de la route pour passer son permis de conduire.
contrôler [kɔ̃trole] **qc**	etw. kontrollieren, prüfen	= vérifier
le frein [frɛ̃]	Bremse	Mon vélo a de bons freins.
la vidange [vidɑ̃ʒ]	Ölwechsel	Vous avez fait la vidange de la voiture?
régulièrement [regyljɛrmɑ̃]	regelmäßig	Je fais du sport régulièrement.
la pression [presjɔ̃]	Druck	
un éclairage [eklɛraʒ]	Licht, Beleuchtung	Il faut changer tout l'éclairage du magasin.
le contrôle technique [kɔ̃troltɛknik]	TÜV	Ma voiture n'est pas passée au contrôle technique.
la sécurité [sekyrite]	Sicherheit	Pour votre sécurité, roulez lentement.
obligatoire [ɔbligatwar]	Pflicht-, obligatorisch	Le service militaire n'est plus obligatoire en France.
la vérification [verifikasjɔ̃]	Überprüfung	*cf.* vérifier
la direction [dirɛksjɔ̃]	Lenkung, Steuerung	Ma voiture a la direction assistée.
le pot d'échappement [podeʃapmɑ̃]	Auspuff	Le garagiste va remplacer le pot d'échappement de ma voiture.
le pare-chocs [parʃɔk]	Stoßstange	Mon pare-chocs avant est tombé.
le capot [kapo]	Motorhaube	Ouvrez le capot, s'il vous plaît.
le moteur [mɔtœr]	Motor	On a un problème de moteur.
le phare [far]	Scheinwerfer	Le phare gauche ne marche plus.
le clignotant [kliɲɔtɑ̃]	Blinker	Mets ton clignotant pour tourner.
un essuie-glace [esɥiglas]	Scheibenwischer	Les essuie-glaces fonctionnent?
le rétroviseur [retrovizœr]	Rückspiegel	Regarde dans ton rétroviseur avant de freiner.

le volant [vɔlɑ̃]	Lenkrad	C'est toi qui prends le volant?
un accélérateur [akseleratœr]	Gaspedal	≠ frein
un embrayage [ɑ̃brɛjaʒ]	Kupplung	J'ai des problèmes avec l'embrayage de la voiture.
la portière [pɔrtjɛr]	Tür	Tu peux ouvrir la portière, s'il te plaît?
8.		
désirer [dezire] **qc**	etw. wünschen	Vous désirez un renseignement?
réparer [repare] **qc**	etw. reparieren	Le garagiste va réparer la voiture pour demain.
s'arrêter [sarete]	stehen bleiben	Ma montre s'est arrêtée.
d'un seul coup [dɛ̃sœlku]	ganz plötzlich	
avoir du mal à [avwardymala] **faire qc**	Mühe haben etw. zu tun	J'ai du mal à finir mon verre.
ce n'est pas la peine [sənɛpalapɛn]	es lohnt sich nicht	Il est trop tard, ce n'est pas la peine de l'attendre.
s'occuper de [sɔkypedə] **qn/qc**	sich um jdn/etw. kümmern	En ce moment, je m'occupe du chat de la voisine.
ne pas plaisanter avec [nəpaplɛsɑ̃teavɛk] **qc**	keinen Spaß verstehen	Le prof ne plaisante pas avec la discipline.
une occasion [ɔkazjɔ̃]	*hier:* Gebrauchtware	Cette voiture est une bonne occasion.
évidemment [evidamɑ̃]	natürlich	Évidemment, je viens à ta fête.
racheter [raʃəte] **qc**	etw. zurückkaufen	Le vendeur rachète notre vieille voiture.
repasser [rəpase]	noch einmal vorbeikommen	Votre véhicule n'est pas prêt, repassez plus tard.
recommander de [rəkɔmɑ̃dedə] **faire qc**	empfehlen etw. zu tun	Je vous recommande de rouler lentement.

p. 51	9.		
	freiner [frene]	bremsen	*cf.* frein
	éclairer [eklere]	leuchten	Ton phare de vélo n'éclaire pas beaucoup.
	la réparation [reparasjɔ̃]	Reparatur	Les réparations m'ont coûté les yeux de la tête.
	le respect [rɛspɛ]	Einhaltung, Respekt	*cf.* respecter
	12.		
	se mettre en colère [səmɛtrɑ̃kɔlɛr]	wütend werden	Ce n'est pas la peine de vous mettre en colère.
	une aide [ɛd]	Hilfe	= secours
	13.		
	le gazole [gazɔl]	Diesel	Ce camion roule au gazole.
	s'énerver [senɛrve]	sich aufregen	Il ne faut pas s'énerver au volant.

p. 52 DOCUMENT

14.		
routier/ère [rutje/rutjɛr]	Straßen-, Verkehrs-	La sécurité routière nous concerne tous.
le bouchon [buʃɔ̃]	*hier:* Stau	Prends les routes de campagne, il y a trop de bouchons sur l'autoroute.
la frontière [frɔ̃tjɛr]	Grenze	On a traversé la frontière espagnole.
le véhicule [veikyl]	Fahrzeug	Il y a un véhicule en panne sur l'autoroute.
détourner [deturne] **qc**	etw. umleiten	La circulation est détournée.
un accident [aksidɑ̃]	Unfall	Quand il pleut, les accidents sont plus nombreux.

la circulation [sirkylasjɔ̃]	Verkehr	*cf.* circuler
éviter de [evitedə] **faire qc**	vermeiden etw. zu tun	Vous pourriez <u>éviter</u> de faire du bruit après 22 h 00?
Bison Futé [bizɔ̃fyte]	*Informationen zur Vermeidung von Staus*	
un itinéraire de délestage [itinerɛrdədelɛstaʒ]	Umleitung	
concerner [kɔ̃sɛrne] **qn/qc**	jdn/etw. betreffen	Cette question vous <u>concerne</u> directement.
fluide [flɥid]	flüssig	La circulation est <u>fluide</u>.
un/une automobiliste [ɔtɔmɔbilist]	Autofahrer/in	Beaucoup d'<u>automobilistes</u> s'énervent sur la route.

ON DÉMÉNAGE **UNITÉ 6**

p. 55

A

déménager [demenaʒe]	umziehen	Julie et Jean <u>déménagent</u>: ils vont habiter à la campagne.
un immeuble [imœbl]	Gebäude	Denis habite dans un <u>immeuble</u> de quinze étages.
un inconvénient [ɛ̃kɔ̃venjɑ̃]	Nachteil	≠ avantage

p. 56 UN AN À GENÈVE

1.

la description [dɛskripsjɔ̃]	Beschreibung	*cf.* décrire
le/la propriétaire [prɔprijetɛr]	Eigentümer/in	Notre <u>propriétaire</u> est très sympa.
la raison [rɛzɔ̃]	Grund	Pour quelles <u>raisons</u> voulez-vous nous quitter?
professionnel/le [prɔfesjɔnɛl]	beruflich	≠ personnel
meubler [møble] **qc**	etw. einrichten	On doit encore <u>meubler</u> l'appartement.
à l'appareil [alaparɛj]	am Apparat	Âllo, qui est <u>à l'appareil</u>?
déranger [derɑ̃ʒe] **qn/qc**	jdn/etw. stören	Mais, non vous ne me <u>dérangez</u> pas du tout.
une électricité [elɛktrisite]	Strom	L'<u>électricité</u> est coupée depuis plusieurs jours.
prévenir [prevənir] **qn**	jdn warnen	Je vous <u>préviens</u>, je ne plaisante pas.
couper [kupe] **qc**	*hier:* etw. abstellen, ausschalten	Vous <u>avez coupé</u> le gaz avant de partir?
le compteur [kɔ̃tœr]	Zähler	*cf.* compter
électrique [elɛktrik]	Strom-, elektrisch	Il s'est acheté une voiture <u>électrique</u>.
le placard [plakar]	Schrank	Il y a des grands <u>placards</u> dans la cuisine, c'est pratique.
un aspirateur [aspiratœr]	Staubsauger	Jérôme passe <u>l'aspirateur</u> dans le salon.
le robinet [rɔbinɛ]	Wasserhahn	Je bois toujours l'eau du <u>robinet</u>.
un évier [evje]	Spülbecken	Lave la salade dans <u>l'évier</u>.
pendant que [pɑ̃dɑ̃kə]	während	Yves téléphone <u>pendant que</u> Léa regarde la télé.

une armoire [armwar]	Kleiderschrank	Nous avons une vieille armoire en bois dans notre chambre.
vide [vid]	leer	≠ plein
assez de [asedə]	genug	Il n'y a pas assez de rangement dans cet appartement.
une étagère [etaʒɛr]	Regal	Vous pouvez mettre vos affaires sur l'étagère du haut.
profiter de [prɔfitedə] **qc**	etw. ausnutzen	Je vais profiter des vacances pour faire du sport.
le canapé-lit [kanapeli]	Schlafcouch	C'est un canapé-lit pour deux personnes.
le canapé [kanape]	Sofa	Brigitte a un canapé en cuir.
pousser [puse] **qc**	*hier:* etw. rücken	On va pousser les meubles pour danser.
la table basse [tabləbas]	Couchtisch	Je cherche une table basse pour le salon.
rapprocher [raprɔʃe] **qc**	etw. näher rücken	Tu peux rapprocher ta chaise?
le fauteuil [fotœj]	Sessel	Il s'est endormi dans le fauteuil.
le meuble [mœbl]	Möbelstück	Gilles est vendeur dans un magasin de meubles.
le frigidaire [friʒidɛr]	Kühlschrank	
le tiroir [tirwar]	Schublade	Il n'y a pas de tiroirs à cette table.
la serviette de toilette [sɛrvjɛtdətwalɛt]	Hand-, Badetuch	Les serviettes de toilette propres sont dans le placard.
le drap [dra]	Bettlaken	Vous avez changé les draps?
la cerise [səriz]	Kirsche	Je vous ai fait un gâteau aux cerises.
ravi/e [ravi]	begeistert	Je suis ravie de votre visite.

2.		
la signification [siɲifikasjɔ̃]	Bedeutung	= sens
se trouver [sətruve]	sich befinden	Le journaliste se trouve sur le lieu de l'accident.
un objet [ɔbʒɛ]	Objekt	C'est un magasin où on trouve des objets divers.
la commode [kɔmɔd]	Kommode	Je range mes tee-shirts dans la commode.
la table de nuit [tablədənɥi]	Nachttisch	Mes lunettes sont dans le tiroir de la table de nuit.
le bureau [byro]	Schreibtisch	Les livres sont sur le bureau.
la baignoire [bɛɲwar]	Badewanne	Il n'y a pas de baignoire dans cette salle de bains.
la chaîne hi-fi [ʃɛnifi]	Stereoanlage	On peut écouter des disques sur ta chaîne hi-fi?
la cuisinière [kɥizinjɛr]	Herd	Nous avons une cuisinière électrique.
le fer à repasser [fɛrarəpase]	Bügeleisen	Attention, le fer à repasser est encore chaud!
le lave-vaisselle [lavvɛsɛl]	Spülmaschine	Un lave-vaisselle, c'est tellement pratique!
p. 57 **3.**		
la règle [rɛgl]	Regel	Il faut mettre un « s » au pluriel, c'est la règle.
5.		
interviewer [ɛ̃tɛrvjuve] **qn**	jdn interviewen	Le journaliste a interviewé l'actrice du film.
6.		
dessiner [desine] **qc**	etw. zeichnen	Il dessine très bien les paysages.

7.

inchangé/e [ɛ̃ʃɑ̃ʒe]	unverändert	Notre numéro de téléphone reste inchangé.
parisien/ne [parizjɛ̃/parizjɛn]	Pariser, aus Paris	Le métro parisien n'est pas très agréable.
un embouteillage [ɑ̃butɛjaʒ]	Stau	= bouchon
une atmosphère [atmɔsfɛr]	Stimmung	= ambiance
stressé/e [strɛse]	gestresst	Claire est stressée pendant les examens.
la supérette [syperɛt]	kleinerer Supermarkt	Il y a une supérette au coin de la rue.
pratiquement [pratikmɑ̃]	so gut wie, praktisch	On n'a pratiquement plus de pain pour le dîner.
moins de [mwɛ̃də]	nicht einmal, weniger als	L'hôtel est à moins de cent mètres de la plage.
le centre commercial [sɑ̃trəkɔmɛrsjal]	Einkaufszentrum	Amélie va faire les courses au centre commercial.
le/la caissier/ère [kesje/kesjɛr]	Kassierer/in	Martine est caissière dans un centre commercial.
aimable [ɛmabl]	freundlich, nett	Mes voisins ne sont pas aimables du tout.
faire la queue [fɛrlakø]	Schlange stehen, anstehen	J'ai dû faire la queue pendant des heures pour acheter un billet.
un outil [uti]	Werkzeug	Tu as les outils nécessaires pour réparer la voiture?
se changer les idées [səʃɑ̃ʒelezide]	auf andere Gedanken kommen	Viens, on sort, ça va nous changer les idées.
autant de [otɑ̃də]	genauso viel wie	Je n'ai pas autant de chance que toi.
fatigant/e [fatigɑ̃/fatigɑ̃t]	anstrengend	*cf.* fatigué

bien que [bjɛ̃kə]	obwohl	Il va se coucher bien que la fête continue.
diminuer [diminɥe]	zurückgehen	Sa consommation de cigarettes a diminué.
le développement [devlɔpmɑ̃]	Entwicklung	Le développement du télétravail est nouveau.
la communication [kɔmynikasjɔ̃]	Kommunikation	Avec le téléphone la communication est facile.
une augmentation [ɔgmɑ̃tasjɔ̃]	Erhöhung	Il y a eu une augmentation des prix.
le rapprochement [raprɔʃmɑ̃]	Annäherung	
le mode de vie [mɔddəvi]	Lebensweise	Nous avons des modes de vie tout à fait différents.
pousser [puse] **qn à faire qc**	jdn verleiten etw. zu tun	Ma mère m'a poussé à venir vous voir.
nombre de [nɔ̃brədə]	viele	Nombre de touristes font la queue pour assister au spectacle.
s'installer [sɛ̃stale]	sich niederlassen	Un boulanger s'est installé sur la place.
la province [prɔvɛ̃s]	Provinz	≠ Paris

p. 59

11.

un argument [argymɑ̃]	Argument	Il n'a pas trouvé d'arguments pour répondre.

12.

recevoir [rəsəvwar] **qc**	etw. bekommen	Tu as reçu ma carte postale de vacances?
tenir compte de [tənirkɔ̃tdə] **qc**	etw. berücksichtigen	Ne tiens pas compte de ce qu'elle dit.
le détail [detaj]	Detail	Vous ne m'avez pas raconté tous les détails.
annoncer [anɔ̃se] **qc**	etw. ankündigen	Ils ont annoncé leur mariage à Noël.
convenir à [kɔ̃vənira] **qn**	jdm passen	Est-ce que cette couleur vous convient?

13.

mettre la puce à l'oreille [mɛtrəlapysalɔrɛj]	jdn hellhörig/misstrauisch machen	Qu'est-ce qui vous <u>a mis la puce à l'oreille</u>?
un œil (*Pl.* yeux) [œj/jø]	Auge	Ferme les <u>yeux</u>, j'ai une surprise pour toi.
en avoir le cœur net [ãnavwarləkœrnɛt]	wissen, woran man ist	Je vais lui poser la question pour <u>en avoir le cœur net</u>.
la brosse à dents [brɔsadã]	Zahnbürste	Je vais acheter une nouvelle <u>brosse à dents</u> à la pharmacie.
le savon [savõ]	Seife	Anne se lave les mains avec du <u>savon</u>.
le sèche-cheveux [sɛʃʃəvø]	Föhn	Il y a des <u>sèche-cheveux</u> à la piscine.
le cauchemar [koʃmar]	Alptraum	Cette nuit, il a fait des <u>cauchemars</u>.
faire la vaisselle [fɛrlavɛsɛl]	abspülen	Ne <u>fais</u> pas <u>la vaisselle</u>, on a un lave-vaisselle.
le ménage [menaʒ]	Hausputz	Je déteste faire le <u>ménage</u>.
le mégot [mego]	Kippe, Stummel	C'est sale, il y a des <u>mégots</u> partout.
écraser [ekraze] **qc**	etw. ausdrücken, zerdrücken	Il <u>a écrasé</u> sa cigarette dans le cendrier.
une assiette [asjɛt]	Teller	Les <u>assiettes</u> sont déjà sur la table.
la bougie [buʒi]	Kerze	Elle a mis des <u>bougies</u> sur la table.
le rideau [rido]	Vorhang, Gardine	On n'a toujours pas de <u>rideaux</u> aux fenêtres.
la plante [plãt]	Pflanze	Cette <u>plante</u> a besoin de beaucoup d'eau.
porter plainte [pɔrteplɛ̃t]	eine Strafanzeige stellen	Il <u>a porté plainte</u> contre son propriétaire.
le labo (laboratoire) [labo(labɔratwar)]	*Abk.* Labor	Mes photos sont au <u>labo</u>.

une empreinte [ɑ̃prɛ̃t]	Abdruck	On n'a pas retrouvé d'<u>empreintes</u> sur la porte.
le/la coupable [kupabl]	Schuldige/r, Täter/in	C'est lui le <u>coupable</u>!
tenir [tənir] **qn/qc**	*hier:* jdn/etw. festhalten	La police ne <u>tient</u> toujours pas le coupable dans cette histoire.
accrocher à [akrɔʃea] **qn/qc**	an jdm/etw. hängen	Cet enfant <u>est</u> toujours <u>accroché aux</u> jupes de sa mère.
le loyer [lwaje]	Miete	Il ne paie plus son <u>loyer</u> depuis des mois.

AU BOULOT **UNITÉ 7**

p. 63

A

parmi [parmi]	unter, zwischen	Il y a un couple japonais <u>parmi</u> les invités.
gagner [gaɲe]	verdienen	Je veux changer de travail, je ne <u>gagne</u> pas assez.
le moyen [mwajɛ̃]	Mittel	Va danser, c'est un bon <u>moyen</u> pour rencontrer du monde.
s'épanouir [sepanwir]	aufblühen	Nicole ne <u>s'épanouit</u> pas du tout dans son travail.
le mal [mal]	Böse, Übel	À mon avis, le travail est un <u>mal</u> nécessaire.
le pouvoir [puvwar]	Macht	En France, le président de la République a beaucoup de <u>pouvoir</u>.

p. 64 IL FAUT QUE JE RÉFLÉCHISSE

1.

la formation [fɔrmasjɔ̃]	Ausbildung	Paule fait une formation pour devenir informaticienne.
les études [etyd] *f. Pl.*	Studium	*cf.* étudiant
la condition [kɔ̃disjɔ̃]	Bedingung	Je ne peux pas travailler dans de telles conditions.
le salaire [salɛr]	Gehalt	Les salaires n'ont pas augmenté.
rechercher [rəʃɛrʃe] **qn**	jdn suchen	Nous recherchons des vendeurs pour notre magasin.
un/une infirmier/ère [ɛ̃firmje/ɛ̃firmjɛr]	Krankenpfleger/-schwester	Ma sœur est infirmière dans un lycée.
diplômé/e [diplome]	diplomiert	Il est diplômé de l'université de Strasbourg.
un État [eta]	Staat	
le CDD *Abk.* **contrat à durée déterminée** [sedede/kɔ̃traadyredetɛrmine]	Zeitvertrag	J'ai un CDD de deux ans dans une maison d'édition.
le plein temps [plɛ̃tɑ̃]	Vollzeit	Beaucoup de mes collègues travaillent à plein temps.
le temps partiel [tɑ̃parsjɛl]	Teilzeit	≠ plein temps
le/la pâtissier/ère [patisje/patisjɛr]	Konditor/in	Tu vas chercher des gâteaux chez le pâtissier?
un/une apprenti/e [aprɑ̃ti]	Lehrling, Auszubildende/r	Elle est apprentie dans une boulangerie.
le CDI *Abk.* **contrat à durée indéterminée** [sedei/kɔ̃traadyreɛ̃detɛrmine]	unbefristeter Vertrag	≠ CDD

un apprentissage [aprɑ̃tisaʒ]	Lehre	Elle fait un apprentissage chez un boulanger-pâtissier.
le/la candidat/e [kɑ̃dida/kɑ̃didat]	Bewerber/in	Les candidats doivent se présenter à 14 h 00 au secrétariat.
mineur/e [minœr]	minderjährig	Les mineurs ne peuvent pas conduire.
un/une aide-comptable [ɛdkɔ̃tabl]	Buchhaltungsgehilfe/gehilfin	Mon père est aide-comptable.
le niveau [nivo]	Niveau	Vous avez un bon niveau d'anglais?
une expérience [ɛksperjɑ̃s]	Erfahrung	Vous avez de l'expérience dans le domaine de la vente?
la candidature [kɑ̃didatyr]	Bewerbung	J'ai envoyé ma candidature au journal.
la recherche [rəʃɛrʃ]	Forschung	La recherche sur les maladies rares fait des progrès.
le/la responsable [rɛspɔ̃sabl]	Leiter/in	Anne est responsable des ventes chez Kodak.
la géographie [ʒeɔgrafi]	Erdkunde	Mon cousin fait des études d'histoire-géographie.
indispensable [ɛ̃dispɑ̃sabl]	notwendig	C'est un outil indispensable.
adresser [adrɛse] **qc à qn**	jdm etw. schicken	J'ai adressé ma candidature au président.
la lettre de motivation [lɛtrədəmɔtivasjɔ̃]	Bewerbungsschreiben	Anne a écrit une lettre de motivation pour faire cette formation.
le CV *Abk.* **curriculum vitae** [seve/kyrikylɔmvite]	Lebenslauf	Tu as mis ta photo sur ton CV?
la référence [referɑ̃s]	Referenz	Écrivez sous la référence XP-208 au journal.
l'espagnol [ɛspaɲɔl] *m.*	Spanisch	J'ai appris l'anglais et l'espagnol au lycée.

commercial/e [kɔmɛrsjal]	kaufmännisch	J'aimerais faire une formation commerciale.
attrayant/e [atrɛjɑ̃/atrɛjɑ̃t]	attraktiv	Les conditions de travail sont attrayantes.
la prime [prim]	Zulage	Vous avez reçu la prime de fin d'année?
un horaire [ɔrɛr]	Arbeitszeit	Les horaires vous conviennent?
souple [supl]	flexibel	Dans ce travail, il faut savoir être souple.
l'électroménager [elɛktromenaʒ] *m.*	(Sektor der) Elektrogeräte für den Haushalt	Jean travaille dans un magasin d'électroménager.
l'informatique [ɛ̃fɔrmatik] *f.*	Informatik	*cf.* informaticien
le défi [defi]	Herausforderung	
le/la salarié/e [salarje]	Arbeitnehmer/in	*cf.* salaire
le/la fonctionnaire [fɔ̃ksjɔnɛr]	Beamte/Beamtin	Il est fonctionnaire, il travaille pour l'État.
le/la demandeur/euse d'emploi [dəmɑ̃dœr/dəmɑ̃døzdɑ̃plwa]	Arbeitssuchende/r	Il y a toujours trop de demandeurs d'emploi.
le/la professionnel/le [prɔfɛsjɔnɛl]	Fachmann/-frau	Ce sont des professionnels du déménagement.
un concours [kɔ̃kur]	Prüfung	Le concours d'entrée dans cette école est très difficile.
un enseignement [ɑ̃sɛɲmɑ̃]	Unterricht	Vous connaissez l'enseignement par correspondance?

2.

un emploi [ɑ̃plwa]	Stelle	*cf.* employé
impossible [ɛ̃pɔsibl]	unmöglich	≠ possible
conseiller [kɔ̃seje] **qn**	jdn beraten	Je suis là pour vous conseiller.
étranger/ère [etrɑ̃ʒe/etrɑ̃ʒɛr]	ausländisch	J'accueille les touristes étrangers à l'hôtel.
facile [fasil]	einfach	≠ difficile

en ce moment [ɑ̃smɔmɑ̃]	zur Zeit	Je dors mal en ce moment.
terrible [teribl]	super, besonders	Les conditions de travail ne sont pas terribles.
le/la comptable [kɔ̃tabl]	Buchhalter/in	Marie fait une formation de comptable.
la fac *Abk.* **faculté** [fak/fakylte]	Uni	= université
à partir de [apartirdə]	ab, von … an	Nous sommes en vacances à partir du 1er juillet.
soit … soit [swa … swa]	entweder … oder	Soit tu viens avec nous, soit tu rentres seul!
scolaire [skɔlɛr]	Schul-	J'ai fait un voyage scolaire en Italie.
le stage [staʒ]	Praktikum	Je cherche un stage dans une entreprise.
distinguer [distɛ̃ge] **qc de qc**	etw. von etw. unterscheiden	Il faut distinguer le vrai du faux dans cette histoire.
mener à [mənea] **qn/qc**	zu jdm/etw. führen	Ces recherches ne mènent à rien.
tel/le que [tɛlkə] **qn/qc**	so wie	J'ai trouvé un appartement tel que tu cherches.
supérieur/e [syperjœr]	Ober-, obere/r/s	
une administration [administrasjɔ̃]	Verwaltung	Marie travaille dans l'administration.
recruter [rəkryte] **qn**	jdn rekrutieren, anwerben	Désolé, on ne recrute pas en ce moment.
p. 65 **4.**		
la responsabilité [rɛspɔ̃sabilite]	Verantwortung	Corinne a un poste à responsabilités chez Danone.
la confiance [kɔ̃fjɑ̃s]	Vertrauen	Vous avez confiance en lui?
5.		
la commande [kɔmɑ̃d]	Bestellung	Vous avez reçu ma commande d'hier?
se mettre d'accord [səmɛtrədakɔr]	sich einigen	Mettez-vous d'accord sur l'heure de départ.

le déroulement [derulmɑ̃]	Verlauf	Quel est le déroulement du cours?
6.		
sélectionner [selɛksjɔne] **qn/qc**	jdn/etw. auswählen	Nous avons sélectionné votre candidature.
le poste [pɔst]	Stelle	On me propose un poste de technicien chez Peugeot.
le comportement [kɔ̃pɔrtəmɑ̃]	Verhalten	Il a un comportement étrange depuis quelques jours.
simuler [simyle] **qc**	etw. simulieren	Simulez un entretien d'embauche.
être à l'heure [ɛtralœr]	pünktlich sein	≠ être en retard

p. 66 | **VOUS TRAVAILLEZ OÙ ?**

7.		
un annuaire [anɥɛr]	Jahrbuch, Telefonbuch	Votre nom n'est pas dans l'annuaire.
responsable de [rɛspɔ̃sabləd̥ə] **qc**	für etw. zuständig	Maryse est responsable des ventes à l'étranger.
la fonction [fɔ̃ksjɔ̃]	Tätigkeit	Quelle est votre fonction dans l'entreprise?
le secrétariat [səkretarja]	Sekretariat	Pour tout renseignement, il faut appeler le secrétariat.
la paye [pɛj]	Lohn	*cf.* payer
le/la directeur/trice [dirɛktœr/dirɛktris]	Direktor/in, Leiter/in	J'ai un entretien avec le directeur demain.
les ressources humaines [rəsurszymɛn] *f. Pl.*	Personalabteilung	Adressez votre courrier au responsable des ressources humaines.
le/la gérant/e [ʒerɑ̃/ʒerɑ̃t]	Geschäftsführer/in	Elle est gérante d'un grand magasin.
la vente [vɑ̃t]	Verkauf	≠ achat

le/la contrôleur/euse [kɔ̃trolœr/kɔ̃troløz]	Prüfer/in	
une hygiène [iʒjɛn]	Hygiene	Dans une clinique, l'hygiène est très importante.
financier/ère [finɑ̃sje/finɑ̃sjɛr]	Finanz-	L'entreprise a des problèmes financiers.
un aliment [alimɑ̃]	Nahrungsmittel	Le pain est un aliment de base.
la décision [desizjɔ̃]	Entscheidung	Il faut prendre une décision.
gérer [ʒere] **qc**	etw. verwalten	Julie gère les ventes dans une entreprise suisse.
le courrier [kurje]	Post	Vous avez classé le courrier d'aujourd'hui?
élever [eləve] **qn**	jdn erziehen	Sa grand-mère l'a élevé.
9.		
par hasard [parazar]	zufällig	J'ai appris la nouvelle par hasard.
nouveau/nouvelle [nuvo/nuvɛl]	neu	Je vous présente notre nouveau collègue.
un avenir [avənir]	Zukunft	À l'avenir, je veux un meilleur salaire.
la comptabilité [kɔ̃tabilite]	Buchhaltung	*cf.* comptable
le domaine [dɔmɛn]	Bereich	Il travaille dans le domaine de l'informatique.
la formation continue [fɔrmasjɔ̃kɔ̃tiny]	Fortbildung, Weiterbildung	Je suis en formation continue deux jours par semaine.
promettre [prɔmɛtr] **qc à qn**	jdm etw. versprechen	J'ai promis un gâteau à ma nièce.
p. 67 10.		
la photocopieuse [fɔtɔkɔpjøz]	Fotokopierer	*cf.* photocopie
tomber en panne [tɔ̃beɑ̃pan]	eine Panne haben	Nous sommes tombés en panne devant la station-service.

fonctionner [fɔ̃ksjɔne]	funktionieren	La radio fonctionne à nouveau.
11.		
caractériser [karakterize] **qn/qc**	jdn/etw. charakterisieren	
12.		
améliorer [ameljɔre] **qc**	etw. verbessern	J'aimerais améliorer mon espagnol.
le devoir [dəvwar]	Hausaufgabe	Thomas a toujours beaucoup de devoirs le soir.

p. 68 DOCUMENT

13.		
le défaut [defo]	Fehler	≠ qualité
puisque [pɥisk]	da	Il ne peut pas venir puisqu'il est malade.
venir à l'esprit de [vəniralɛspridə] **qn**	jdm einfallen	Rien ne me vient à l'esprit à propos de ce film.
la générosité [ʒenerɔzite]	Großzügigkeit	Sa générosité est sans fin.
la tendresse [tɑ̃drɛs]	Zärtlichkeit	Cet enfant a besoin de tendresse.
une intelligence [ɛ̃teliʒɑ̃s]	Intelligenz	Il a une intelligence exceptionnelle.
la beauté [bote]	Schönheit	Admirez la beauté des paysages.
14.		
courageux/euse [kuraʒø/kuraʒøz]	mutig, tapfer	C'est courageux de sortir par ce temps.
généreux/euse [ʒenerø/ʒenerøz]	großzügig	Jacques est très généreux avec ses neveux.
tendre [tɑ̃dr]	zart, sanft	Il n'est pas très tendre avec sa petite sœur.
intelligent/e [ɛ̃teliʒɑ̃/ɛ̃teliʒɑ̃t]	intelligent	*cf.* intelligence
avare [avar]	geizig	≠ généreux

bête [bɛt]	dumm	Je suis <u>bête</u>, je me suis trompé de sac!
lâche [laʃ]	feige	≠ courageux
laid/e [lɛ/lɛd]	hässlich	Je trouve ce tableau très <u>laid</u>.
méchant/e [meʃɑ̃/meʃɑ̃t]	böse	Attention, le chien est <u>méchant</u>.
violent/e [vjɔlɑ̃/vjɔlɑ̃t]	gewalttätig, brutal	C'est un film <u>violent</u>.
la bêtise [betiz]	Dummheit	Quelle <u>bêtise</u>!
la violence [vjɔlɑ̃s]	Gewalt	Il y a beaucoup de <u>violence</u> à la télé.

KESKI Z-ONDI? UNITÉ 8

p. 71 A

se boucher les oreilles [səbuʃelezɔrɛj]	sich die Ohren zuhalten	C'est vraiment bruyant, <u>bouche-toi les oreilles</u>!
éteindre [etɛ̃dr] **qc**	*hier:* etw. ausschalten	N'oublie pas d'<u>éteindre</u> la télé avant de sortir.
allumer [alyme] **qc**	*hier:* etw. einschalten	J'<u>allume</u> la radio tous les matins quand je me lève.

p. 72 ILS L'ONT DIT À LA RADIO

1.

le Midi [midi]	Südfrankreich	On part en vacances dans le <u>Midi</u>.
en état d'alerte [ɑ̃netadalɛrt]	in Alarmzustand, Alarmbereitschaft	La région est <u>en état d'alerte</u> après les inondations.

pauvre [povr]	arm	Pauvre Nicolas, il n'a pas eu son bac.
tranquille [trɑ̃kil]	ruhig	Nous passons des vacances tranquilles dans le Midi.
justement [ʒystəmɑ̃]	gerade	Tiens, on voulait justement t'appeler!
une inondation [inɔ̃dasjɔ̃]	Überschwemmung, Hochwasser	Les inondations n'ont pas fait de victimes.
la voie [vwa]	*hier:* Straße	C'est une voie piétonne.
la berge [bɛrʒ]	Ufer	Sur cette berge, il y a beaucoup d'oiseaux.
la partie [parti]	Teil	Louise a fait une partie du voyage en train.
exagérer [ɛgzaʒere]	übertreiben	Tu n'exagères pas un peu quand même?
croire [krwar] **qn**	jdm glauben	J'ai du mal à te croire.
la coupure [kupyr]	Ausfall, Unterbrechung	On a eu une coupure d'eau ce matin.
2.		
le journal télévisé [ʒurnaltelevize]	Fernsehnachrichten	Je ne regarde jamais le journal télévisé, je préfère lire mon journal.
3.		
rapporter [rapɔrte] **qc à qn**	jdm von etw. berichten	Il m'a rapporté les paroles de son professeur.
la une [yn]	Titelseite, Titelblatt	Vous avez vu la une des journaux ce matin?
les actualités [aktɥalite] *f. Pl.*	Nachrichten	Les actualités ne sont pas très gaies en ce moment.
international/e [ɛ̃tɛrnasjɔnal]	international	Il est responsable des ventes internationales.
national/e [nasjɔnal]	national	≠ international
la rubrique [rybrik]	Rubrik	Regarde dans la rubrique « santé » du magazine.

la petite annonce [pətitanɔ̃s]	Kleinanzeige	Tu as lu les petites annonces ce matin?
catastrophique [katastrɔfik]	katastrophal	La situation est catastrophique!
le privilège [privilɛʒ]	Privileg, Vorteil	J'ai le privilège de connaître le chanteur du groupe.
menacer [mənase] **qn/qc**	etw. gefährden, jdn bedrohen	Il a menacé son chef de partir.
humide [ymid]	feucht	≠ sec
jamais [ʒamɛ]	jemals	C'est la ville la plus belle que j'aie jamais visitée.
enregistrer [ɑ̃rəʒistre] **qc**	etw. verzeichnen	On a enregistré un record de températures cet été.
risquer de [riskedə] **faire qc**	Gefahr laufen etw. zu tun	Il risque de perdre son emploi.
inonder [inɔ̃de] **qc**	etw. überschwemmen	La rivière a inondé les villages de la vallée.
la capitale [kapital]	Hauptstadt	Le président a fait le tour des capitales européennes.
les autorités [ɔtɔrite] *f. Pl.*	Behörde	
les transports en commun *m. Pl.* [trɑ̃spɔrɑ̃kɔmɛ̃]	öffentliche Verkehrsmittel	En ville, elle utilise toujours les transports en commun.
un hôpital [ɔpital]	Krankenhaus	Elle est infirmière à l'hôpital.
un/une envoyé/e spécial/e [ɑ̃vwajespesjal]	Korrespondent/in	C'était un reportage de notre envoyé spécial au Japon.
le pompier [pɔ̃pje]	Feuerwehrmann	Les pompiers sont en état d'alerte après les pluies de dimanche.
un agent [aʒɑ̃]	*hier:* Angestellte/r	= employé
le dégât [dega]	Schaden	Il n'y a heureusement que peu de dégâts.
matériel/le [materjɛl]	Sach-	

extrêmement [ɛkstrɛmmɑ̃]	äußerst	Il fait extrêmement chaud dans toute la France.
la victime [viktim]	Opfer	Il a été victime d'un accident de voiture il y a trois ans.
heureusement [øʀøzmɑ̃]	glücklicherweise	≠ malheureusement
le/la voyageur/euse [vwajaʒœʀ/vwajaʒøz]	Reisende/r	Les voyageurs à destination de Lyon doivent se présenter porte numéro 1.
le numéro vert [nymeʀovɛʀ]	Gratisrufnummer	Les numéros verts sont gratuits.
la gendarmerie [ʒɑ̃daʀməʀi]	Gendarmerie	La gendarmerie est arrivée tout de suite.
la catastrophe [katastʀɔf]	Katastrophe	*cf.* catastrophique
p. 73 **4.**		
le sommaire [sɔmɛʀ]	Inhaltsverzeichnis	Le sommaire est à la fin du livre.
le cours [kuʀ]	Kurs	Les cours de la bourse restent stables.
la bourse [buʀs]	Börse	La bourse de Paris va bientôt fermer.
5.		
le média [medja]	Media	Quel média préférez-vous?
objectif/ive [ɔbʒɛktif/ɔbʒɛktiv]	objektiv, sachlich	Vous n'êtes pas très objectif.
complet/ète [kɔ̃plɛ/kɔ̃plɛt]	vollständig	Excusez-moi, mais votre fiche d'inscription n'est pas complète.
clair/e [klɛʀ]	klar	Ce plan pour aller chez lui n'est pas clair.
s'informer [sɛ̃fɔʀme]	sich informieren, sich erkundigen	Je n'ai pas eu le temps de m'informer sur les horaires de train.
informer [ɛ̃fɔʀme] **qn**	jdn informieren	Vous pourriez informer vos collègues de la nouvelle?

6.

la plupart [plypar]	die meisten	La plupart de mes amis vivent à l'étranger.
suivi/e de [sɥividə]	gefolgt von	Edgar est arrivé en premier, suivi de Herbert.
le quotidien [kɔtidjɛ̃]	Tageszeitung	Vous lisez les quotidiens régionaux?
libéral/e [liberal]	liberal	
hebdomadaire [ɛbdɔmadɛr]	wöchentlich	*L'Express* est un magazine hebdomadaire.
mensuel/le [mɑ̃sɥɛl]	monatlich	*Le Monde diplomatique* est un journal mensuel.
remarquer [rəmarke] **qc**	etw. bemerken	Vous avez remarqué ces statues?
un intérêt [ɛ̃terɛ]	Interesse	J'ai lu votre article avec intérêt.
la presse [prɛs]	Presse	La presse n'est jamais objective.

p. 74

MERCI DE CONFIRMER

7.

enseigner [ɑ̃sɛɲe] **qc**	etw. unterrichten	On enseigne l'allemand dans ce lycée.
HEC *Abk.* **Hautes Études Commerciales** [aʃøse/otzetydkɔmɛrsjal]	Elitehochschule für Betriebswirtschaft	Il prépare le concours pour entrer à HEC.
pour que [purkə]	damit	Je te fais un plan pour que ce soit plus clair.
une importance [ɛ̃pɔrtɑ̃s]	Bedeutung, Einfluss	*cf.* important
ne … que [ne … kə]	nur	Il ne dort que quatre heures par nuit.
sauf [sof]	außer	Je travaille tous les jours sauf le vendredi.

de préférence [dəpreferɑ̃s]	möglichst, vorzugsweise	Prenez de préférence rendez-vous le matin.
aller à [alea] **qn**	jdm passen	Un rendez-vous à 14 h 00, ça vous va?

p. 75

8.		
la direction [dirɛksjɔ̃]	Geschäftsführung	*cf.* directeur
la confusion [kɔ̃fyzjɔ̃]	Verwechslung, Durcheinander, Verwirrung	Excusez-nous pour la confusion.
la présence [prezɑ̃s]	Anwesenheit	Votre présence à la réunion est souhaitée.
9.		
rappeler [rapəle] **qc à qn**	jdn an etw. erinnern	Rappelez-moi votre nom, s'il vous plaît.
communiquer [kɔmynike] **qc à qn**	jdm etw. mitteilen	Vous communiquez les résultats au directeur.
j'ai le regret de [ʒɛlərəgrɛdə]	Zu meinem Bedauern muss ich ...	Nous avons le regret de vous annoncer que votre candidature n'a pas été sélectionnée.
sincères salutations [sɛ̃sɛrsalytasjɔ̃]	Mit freundlichen Grüßen	
10.		
à haute voix [aotvwa]	laut	Tu peux lire ce texte à haute voix, s'il te plaît?

p. 76 **DOCUMENT**

11.		
fixer un rendez-vous [fikseɛ̃rɑ̃devu]	einen Termin festlegen	On fixe un rendez-vous avec M. Jean pour la semaine prochaine?
moche [mɔʃ]	hässlich, scheußlich	Cette jupe est vraiment moche!

la réalité [realite]	Wirklichkeit, Realität	En réalité, je n'aime pas les animaux.
cruel/le [kryɛl]	grausam	La vie est cruelle parfois.
attraper la mort [atrapelamɔr]	sich den Tod holen	Tu vas attraper la mort à rester sous la pluie.
se moquer de [səmɔkedə] **qn/qc**	sich über jdn/etw. lustig machen	Caroline se moque de sa sœur, car elle a oublié de mettre des chaussures.
regretter de [rəgretedə] **faire qc**	bedauern etw. zu tun	Je regrette de devoir partir aussi tôt.
tomber mal [tɔ̃bemal]	gerade ungelegen kommen	Tu tombes mal, je partais!
se faire du souci pour [səfɛrdysusipur] **qn**	sich um jdn Sorgen machen	Ma mère se fait du souci pour mon frère.
pardonner [pardɔne] **qc à qn**	jdm etw. verzeihen	Il ne m'a pas pardonné ces paroles.
le bas [ba]	Strumpf	Il fait trop chaud pour mettre des bas.
le talon [talɔ̃]	Absatz	Je me suis acheté des chaussures à talons.
la jambe [ʒɑ̃b]	Bein	Karine a de belles jambes.
ordinaire [ɔrdinɛr]	gewöhnlich	C'est un vin très ordinaire.
12.		
une impression [ɛ̃presjɔ̃]	Eindruck	J'ai l'impression que tu es fatigué.
13.		
poli/e [pɔli]	höflich	Vous voulez bien rester poli, s'il vous plaît?
bien élevé/e [bjɛ̃nelve]	gut erzogen	Vous avez des enfants bien élevés, Madame!
s'habiller [sabije]	sich anziehen	Le petit Lucas ne sait pas encore s'habiller tout seul.
14.		
la pensée [pɑ̃se]	Gedanke	*cf.* penser

p. 83 **A**

le cou [ku]	Hals	Elle porte une écharpe autour du cou.
la poitrine [pwatrin]	Brust	Amélie a une petite poitrine.
une épaule [epol]	Schulter	Elle a mis sa tête sur son épaule.
le ventre [vɑ̃tr]	Bauch	Je dors souvent sur le ventre.
le genou [ʒənu]	Knie	Je fais trop de vélo: j'ai mal aux genoux.
le dos [do]	Rücken	Un bon lit, c'est important pour le dos.
la fesse [fɛs]	Gesäßbacke	Il est tombé sur les fesses.
le cheveu [ʃəvø]	Haar	Tu as les cheveux plus courts qu'avant?
le nez [ne]	Nase	Pourquoi tu te bouches le nez?
la bouche [buʃ]	Mund	Ne parle pas la bouche pleine.
manquer [mɑ̃ke]	fehlen	Est-ce que quelqu'un manque ce matin?
blond/e [blɔ̃/blɔ̃d]	blond	Tu vois la jeune fille blonde, là?
châtain [ʃatɛ̃]	(kastanien)braun	Éric a les cheveux châtain clair.
roux/rousse [ru/rus]	rothaarig	Isabelle est rousse.
brun/e [brɛ̃/bryn]	dunkelhaarig	Ma mère est brune.
mince [mɛ̃s]	schlank	C'est un homme blond et mince.
fort/e [fɔr/fɔrt]	stark	Il y a une forte odeur de cigarette dans cette pièce.

p. 84 J'AI MAL LÀ

1.

avoir mal à [awarmala]	-schmerzen haben	J'ai mal à la tête depuis hier soir.
en effet [ɑ̃nefɛ]	in der Tat, stimmt	■ Tu es en retard. ▲ En effet. Excuse-moi.
avoir bonne/mauvaise mine [avwarbɔn/mɔvɛzmin]	gut/schlecht aussehen	Oh, tu as mauvaise mine ce matin!
quelque part [kɛlkpar]	irgendwo, irgendwohin	J'ai sûrement oublié mon sac quelque part.
la gorge [gɔrʒ]	Hals, Rachen	J'ai la gorge sèche.
le thermomètre [tɛrmɔmɛtr]	Thermometer	Vérifie la température avec le thermomètre.
la fièvre [fjɛvr]	Fieber	Il n'a plus de fièvre ce soir.
se coucher [səkuʃe]	zu Bett gehen	À quelle heure tu te couches d'habitude?
soigner [swaɲe] **qn**	jdn behandeln, pflegen	À l'hôpital, l'infirmière soigne les malades.
le médicament [medikamɑ̃]	Medikament	C'est un médicament contre la fièvre.
le comprimé [kɔ̃prime]	Tablette	Je dois prendre deux comprimés trois fois par jour.
avaler [avale] **qc**	etw. schlucken	Avale ces comprimés et couche-toi.
se sentir [səsɑ̃tir]	sich fühlen	Comment vous sentez-vous ce matin?
se reposer [sərəpoze]	sich erholen	Je prends des vacances pour me reposer.
le sommeil [sɔmɛj]	Schlaf	Mon mari a le sommeil léger.
le sirop [siro]	Saft, Sirup	Je prends du sirop pour la gorge.
la tisane [tizan]	(Kräuter)tee	Buvez des tisanes pour mieux dormir.
la goutte [gut]	Tropfen	Pauline a des gouttes à mettre dans les yeux.

5.

le symptôme [sɛ̃ptom]	Symptom	Quels sont les symptômes d'une insolation?
la gastroentérite [gastroɑ̃terit]	Magen-Darm-Entzündung	Pendant les vacances, j'ai eu une gastroentérite.
une insolation [ɛ̃sɔlasjɔ̃]	Sonnenstich	Attention aux insolations l'été.
la gueule de bois [gœldəbwa]	Kater	On a fait la fête hier et j'ai la gueule de bois ce matin.
la diarrhée [djare]	Durchfall	Vous avez quelque chose contre la diarrhée?
la maladie [maladi]	Krankheit	*cf.* malade
la feuille de soins [fœjdəswɛ̃]	Krankenschein	Donne ta feuille de soins à la pharmacie.
permettre à [pɛrmɛtra] **qn de faire qc**	jdm ermöglichen etw. zu tun	Ce travail va me permettre de m'épanouir.
rembourser [rɑ̃burse] **qc à qn**	jdm etw. zurückerstatten	Je te prête 20 euros si tu me rembourses demain.
la caisse de maladie [kɛsdəmaladi]	Krankenkasse	La caisse de maladie vous remboursera.
une ordonnance [ɔrdɔnɑ̃s]	Rezept	Vous avez l'ordonnance du médecin?

6.

arrêter de [aretedə] **faire qc**	aufhören etw. zu tun	Ma mère a arrêté de travailler depuis trois mois.
craquer [krake]	die Nerven verlieren, zusammenbrechen	Tout ce travail, c'est trop! Je vais craquer.
à ta place [ataplas]	an deiner Stelle	À ta place, je prendrais ce médicament.
casser [kase] **qc**	etw. zerbrechen, kaputt machen	J'ai fait la vaisselle et j'ai cassé deux verres.
se détendre [sədetɑ̃dr]	sich entspannen	Écoutez de la musique et détendez-vous.

7.

la dent [dɑ̃]	Zahn	Émilie a encore ses dents de lait.
enrhumé/e [ɑ̃ryme]	erkältet	Il a eu froid hier et il est enrhumé aujourd'hui.
constipé/e [kɔ̃stipe]	verstopft	Si vous êtes constipé, vous devez boire beaucoup d'eau.
le/la vétérinaire [veterinɛr]	Tierarzt/-ärztin	Le vétérinaire est venu soigner notre chien.

p. 86

JE ME SENS BIEN

8.

consister en [kɔ̃sisteɑ̃] **qc**	aus etw. bestehen	En quoi consiste ton stage?
le bien-être [bjɛ̃nɛtr]	Wohlbefinden	Pour votre bien-être, faites une cure de thalassothérapie.
le bienfait [bjɛ̃fɛ]	Wohltat	Vous connaissez déjà les bienfaits de cette boisson?
une énergie [enɛrʒi]	Energie, Kraft	Nous utilisons l'énergie solaire pour chauffer la maison.
chauffer [ʃofe] **qc**	etw. aufwärmen, heizen	On ne chauffe jamais notre chambre.
agir [aʒir]	wirken	Ce médicament agit vite.
le corps [kɔr]	Körper	La relaxation est importante pour le corps et l'esprit.
la potion magique [pɔsjɔ̃maʒik]	Zaubertrank	Astérix a bu de la potion magique.
adoucir [adusir]	besänftigen	Les algues adoucissent la peau.
nourrir [nurir]	ernähren	Ce produit nourrit le cuir.

le massage [masaʒ]	Massage	Je te fais un massage?
décontracter [dekɔ̃trakte]	entspannen	Restez décontracté pendant le massage.
apaiser [apeze]	beruhigen	Il chante pour apaiser son enfant.
la cure [kyr]	Kur	J'ai vraiment besoin d'une cure de sommeil!
la relaxation [rəlaksasjɔ̃]	Entspannung	Le yoga mène à la relaxation totale.
la résidence [rezidɑ̃s]	Wohnanlage	Nous avons fait un séjour dans une résidence à Carnac.
chaleureux/euse [ʃalœrø/ʃalœrøz]	gemütlich, herzlich	L'accueil était très chaleureux.
souriant/e [surjɑ̃/surjɑ̃t]	freundlich, heiter	Cette caissière est toujours souriante.
un environnement [ɑ̃virɔnmɑ̃]	Umgebung	Nous avons besoin d'un environnement calme.
faciliter [fasilite] **qc**	etw. erleichtern, begünstigen	Le portable nous facilite la vie.
la détente [detɑ̃t]	Entspannung	Profitez d'un moment de détente pour écouter ce disque.
le/la membre [mɑ̃br]	Mitglied	Je suis membre du club de tennis.
9.		
le spot publicitaire [spɔtpyblisitɛr]	Werbespot	Vous avez vu le spot publicitaire pour la nouvelle Renault?
le stress [strɛs]	Stress	*cf.* stressé
la fatigue [fatig]	Müdigkeit	*cf.* fatigué
se sentir bien dans sa peau [səsɑ̃tirbjɛ̃dɑ̃sapo]	sich wohl in seiner Haut fühlen	Je me sens mieux dans ma peau depuis cette thalasso.

	le tonus [tɔnys]	Energie, Dynamik	J'ai retrouvé mon tonus après cette cure.
	libéré/e [libere]	befreit, gelöst	*cf.* libre
	s'offrir [sɔfrir] **qc**	sich etw. leisten	J'aimerais pouvoir m'offrir ce voyage.
	la vitalité [vitalite]	Vitalität	À son âge quelle vitalité!
p. 87	12.		
	la vie quotidienne [vikɔtidjɛn]	Alltag	Après les vacances, on retrouve le stress de la vie quotidienne.
	relaxant/e [rəlaksɑ̃/rəlaksɑ̃t]	entspannend	*cf.* relaxation
	jeûner [ʒøne]	fasten	Le docteur m'a conseillé de jeûner pendant quelques jours.
	13.		
	gagner [gaɲe] **qc**	etw. gewinnen	Mes parents ont gagné au Loto!
	sauvage [sovaʒ]	wild	≠ domestique
	un alignement [aliɲmɑ̃]	Reihe, *hier:* Anordnung von Steinreihen	
	faire du lèche-vitrines [fɛrdylɛʃvitrin]	einen Schaufensterbummel machen	Le week-end, j'adore faire du lèche-vitrines.
	la sieste [sjɛst]	Mittagsschlaf	Mon grand-père fait la sieste tous les après-midi.

p. 88 **DOCUMENT**

14.		
paraître [parɛtr]	erscheinen, herauskommen	Quand paraît le prochain livre de Daniel Pennac?

prendre conscience de [prɑ̃drəkɔ̃sjɑ̃sdə] **qc**	sich einer Sache bewusst werden	Elle n'a pas <u>pris conscience</u> de son nouveau succès.
la cause [koz]	Ursache, Grund	= raison
celui-ci/celle-ci [səlɥisi/sɛlsi]	diese/r/s	Vous préférez <u>celui-ci</u> ou celui-là?
social/e [sɔsjal]	sozial	Elle est assistante <u>sociale</u> dans une école.
faire le point [fɛrləpwɛ̃]	Bilanz ziehen	On a une réunion pour <u>faire le point</u> sur la situation.
se sécher [səseʃe]	sich trocknen	<u>Sèche-toi</u>, tu es tout trempé.
le discours [diskur]	Rede	Il a fait un <u>discours</u> d'une heure à cette conférence.
un/une interlocuteur/trice [ɛ̃tɛrlɔkytœr/ɛ̃tɛrlɔkytris]	Gesprächspartner/in	J'ai du mal à comprendre mon <u>interlocuteur</u>.
une interruption [ɛ̃tɛrypsjɔ̃]	Unterbrechung	Excusez-nous pour cette <u>interruption</u> de programme.
le mode d'emploi [mɔddɑ̃plwa]	Gebrauchsanweisung	Le <u>mode d'emploi</u> est en français.
le magnétoscope [maɲetɔskɔp]	Videorekorder	Le <u>magnétoscope</u> est en panne.
finir par [finirpar] **faire qc**	schließlich etw. tun	Il va bien <u>finir par</u> accepter notre proposition.
le somnifère [sɔmnifɛr]	Schlafmittel	François prend des <u>somnifères</u> tous les soirs.
au cours de [okurdə]	im Laufe	J'ai jeûné une fois <u>au cours de</u> l'année dernière.
dépendre de [depɑ̃drədə] **qn/qc**	auf jdn/etw. angewiesen sein, von jdm/etw. abhängen	Mon avenir <u>dépend de</u> ce poste.

le/la supérieur/e hiérarchique [syperjœrjerarʃik]	Vorgesetzte/r	Michelle est ma supérieure hiérarchique.
consacrer [kɔ̃sakre] **qc à qn/qc**	jdm/einer Sache etw. widmen	Il consacre tout son temps libre à la voile.
le trajet [traʒɛ]	Strecke, Weg	Le trajet du retour est toujours plus long.
prendre du poids [prɑ̃drədypwa]	(an Gewicht) zunehmen	Mon mari prend toujours du poids en vacances.
perdre du poids [pɛrdrədypwa]	(an Gewicht) abnehmen	≠ prendre du poids
diagnostiquer [djagnɔstike] **qc**	etw. diagnostizieren	Le docteur a diagnostiqué un problème de cœur.
le sentiment [sɑ̃timɑ̃]	Gefühl	J'ai le sentiment qu'il ne viendra pas.
poser un problème à [pozeɛ̃prɔblɛma] **qn**	für jdn problematisch sein	Ça te pose un problème si je pars plus tôt?
arriver [arive]	passieren	= se passer
proche [prɔʃ]	nah/e	Nous cherchons la pharmacie la plus proche.
amuser [amyze] **qn**	jdm Spaß machen, jdn amüsieren	Ça vous amuse de vous moquer des gens?
la douleur [dulœr]	Schmerz	Mon père a des douleurs dans le dos.
le laxatif [laksatif]	Abführmittel	J'ai pris un laxatif.
la digestion [diʒɛstjɔ̃]	Verdauung	J'ai des problèmes de digestion.
augmenter [ogmɑ̃te]	wachsen, zunehmen	≠ diminuer

AU CŒUR DE L'EUROPE **UNITÉ 10**

p. 91 | **A**

le fleuve [flœv]	Fluss	La Loire est le plus long fleuve français.
séparer [separe] **qn/qc**	jdn/etw. trennen	Un mur a séparé Berlin en deux parties pendant longtemps.
réunir [reynir] **qn/qc**	jdn/etw. miteinander verbinden	≠ séparer
unir [ynir] **qn/qc**	jdn/etw. verbinden, vereinen	Il faut unir nos énergies pour ce projet.
le cliché [kliʃe]	Klischee	Les touristes ont souvent des clichés en tête.
la fierté [fjɛrte]	Stolz	*cf.* fier
le témoignage [temwaɲaʒ]	Aussage	Vous avez entendu les témoignages des victimes?
spontanément [spɔ̃tanemɑ̃]	spontan	Il m'a spontanément pris la main.
construire [kɔ̃stʀɥir] **qc**	etw. bauen	Ils vont construire un pont au-dessus de l'autoroute.
la rivalité [rivalite]	Rivalität	La rivalité entre les deux candidats est grande.
un/une Alsacien/ne [alzasjɛ̃/alzasjɛn]	Elsässer/in	Dans mon entreprise, il y a deux Alsaciens.
le dialecte [djalɛkt]	Dialekt	Son grand-père parle un dialecte du Midi.
la discipline [disiplin]	Disziplin	Ce travail demande beaucoup de discipline.

le/la chômeur/euse [ʃomœr/ʃomøz]	Arbeitslose/r	= demandeur d'emploi
européen/ne [ørɔpeɛ̃/ørɔpeɛn]	europäisch	Bruxelles est une ville <u>européenne</u>.
l'Alsace [alzas] *f.*	Elsass	Strasbourg est la capitale de l'<u>Alsace</u>.

p. 92

À LA DÉCOUVERTE DE L'ALSACE

1.		
la gastronomie [gastrɔnɔmi]	Esskultur	La <u>gastronomie</u> française est célèbre.
2.		
le pourcentage [pursɑ̃taʒ]	Prozentsatz	Je gagne un <u>pourcentage</u> sur chaque vente.
le haut-allemand [otalmɑ̃]	Hochdeutsch	À l'école, on enseigne le <u>haut-allemand</u>.
une institution [ɛ̃stitysjɔ̃]	Institution, Einrichtung	L'ONU est une <u>institution</u> internationale.
le siège [sjɛʒ]	Sitz	Le <u>siège</u> de mon entreprise déménage à Marseille.
la commission [kɔmisjɔ̃]	Kommission	La <u>commission</u> a son siège à Bordeaux.
le parlement [parləmɑ̃]	Parlament	J'ai assisté à une session du <u>parlement</u>.
l'OTAN [ɔtɑ̃] *Abk.* **Organisation du Traité de l'Atlantique Nord** *f.*	NATO	
la cour [kur]	Gerichtshof	
le droit [drwa]	Recht	Je peux vous conseiller sur vos <u>droits</u>.
le conseil [kɔ̃sɛj]	Rat	Le <u>Conseil</u> des ministres se réunit tous les mercredis.
une agriculture [agrikyltyr]	Landwirtschaft	L'<u>agriculture</u> est une branche du secteur primaire.

3.		
formuler [fɔrmyle] **qc**	etw. formulieren	Il n'a pas pu formuler de réponse.
bilingue [bilɛ̃g]	zweisprachig	Jeanne va à l'école bilingue.
p. 93 4.		
le département [departəmɑ̃]	Departement	Strasbourg est dans le département du Bas-Rhin.
le Moyen-Âge [mwajɛnaʒ]	Mittelalter	Charlemagne a vécu au Moyen-Âge.
la civilisation [sivilizasjɔ̃]	Zivilisation, Kultur	On a beaucoup appris des civilisations arabes.
rhénan/e [renɑ̃/renan]	rheinisch	
mettre au point [mɛtropwɛ̃] **qc**	etw. entwickeln, ausarbeiten	Il reste quelques détails à mettre au point.
l'imprimerie [ɛ̃primri] *f.*	Buchdruck	*cf.* imprimer
le siècle [sjɛkl]	Jahrhundert	C'est un meuble du début du vingtième siècle.
être troublé/e [ɛtrətruble]	unruhig sein	Quand je le vois, je suis troublée.
la guerre [gɛr]	Krieg	Les guerres de religion sont très violentes.
le/la paysan/ne [peizɑ̃/peizan]	Bauer/Bäuerin	Les paysans européens sont en colère.
une introduction [ɛ̃trɔdyksjɔ̃]	Einführung	L'introduction de l'euro a été un succès.
le traité [trete]	Vertrag	Le traité de Rome fonde l'Europe économique.
la Westphalie [vɛsfali]	Westfalen	La Westphalie est une région que je connais peu.
prendre possession de [prɑ̃drəpɔsɛsjɔ̃də] **qc**	etw. in Besitz nehmen	Voici les clés. Vous pouvez prendre possession de votre nouvelle maison.
la Lorraine [lɔrɛn]	Lothringen	Nancy et Metz sont en Lorraine.

un empire [ɑ̃piʁ]	Reich	L'empire de Charlemagne était très grand.
à nouveau [anuvo]	erneut	Il est à nouveau malade.
la troupe [tʁup]	Truppe	Les troupes françaises vont aider à reconstruire le pays.
libérer [libeʁe] **qc**	etw. befreien	≠ occuper
rattacher [ʁataʃe] **qc à qc**	etw. an etw. anschließen	L'Alsace a été rattachée à la France en 1944.
le statut [staty]	Status	Quel est le statut de la Réunion?
certes [sɛʁt]	zwar	J'aime les animaux, certes, mais je n'en veux pas chez moi.
sembler [sɑ̃ble]	scheinen	Vous semblez fatiguée.
de moins en moins [dəmwɛ̃zɑ̃mwɛ̃]	immer weniger	Il y a de moins en moins de travail dans ce secteur.
car [kaʁ]	denn, weil	= parce que
la population active [pɔpylasjɔ̃aktiv]	berufstätige Bevölkerung	La population active diminue.
le secteur tertiaire [sɛktœʁtɛʁsjɛʁ]	Dienstleistungssektor	Le secteur tertiaire est le secteur des services.
une industrie [ɛ̃dystʁi]	Industrie	Il travaille dans l'industrie automobile.
la branche [bʁɑ̃ʃ]	Branche	Claude travaille dans la même branche que moi.
l'agroalimentaire [agʁoalimɑ̃tɛʁ] *m.*	Lebensmittelsektor	
le textile [tɛkstil]	Textil	
traditionnellement [tʁadisjɔnɛlmɑ̃]	traditionsgemäß	On passe traditionnellement Noël en famille.

spécialisé/e [spesjalize]	spezialisiert	Notre maison d'édition est spécialisée dans les livres d'art.
notamment [nɔtamɑ̃]	vor allem, besonders	J'adore lire, notamment les romans.
5.		
la chaîne [ʃɛn]	*hier:* Kanal	Tu peux changer de chaîne?
la création [kreasjɔ̃]	Gründung	*cf.* créer
le partenariat [partənarja]	Zusammenarbeit, Partnerschaft	Il y a un partenariat entre Karlsruhe et Strasbourg.
également [egalmɑ̃]	auch, ebenfalls	Je collectionne les disques et également les timbres.
le pôle [pol]	Pol, Zentrum	Sophia-Antipolis est un pôle technologique international à Nice.

p. 94 **À GRANDE VITESSE**

7.		
la vitesse [vitɛs]	Geschwindigkeit	Il y a beaucoup de contrôles de vitesse sur cette route.
la connexion [kɔnɛksjɔ̃]	Verbindung	Ma connexion à Internet ne coûte que 2 cents la minute.
8.		
développer [devlɔpe] **qc**	etw. entwickeln	*cf.* développement
ferroviaire [fɛrɔvjɛr]	Eisenbahn-	Le transport ferroviaire se développe de plus en plus.
suffisant/e [syfizɑ̃/syfizɑ̃t]	ausreichend, genügend	J'ai 40 euros, est-ce que c'est suffisant?

s'impatienter [sɛ̃pasjɑ̃te]	ungeduldig werden	Ne vous impatientez pas, le train va repartir.
le/la contrôleur/euse [kɔ̃trolœr/kɔ̃trolɔ̃z]	Kontrolleur, Schaffner	Le contrôleur va vous demander vos billets.
s'arrêter [sarete]	anhalten	On s'arrête à Nice pour deux jours.
une allure [alyr]	Tempo, Geschwindigkeit	= vitesse
à cause de [akozdə] **qn/qc**	wegen jdm/etw.	À cause de toi, je suis en retard pour mon rendez-vous.
les travaux [travo] *m. Pl.*	Bauarbeiten	Ils font des travaux dans leur maison.
dès que [dɛkə]	sobald	Dès que je suis rentrée, je t'appelle.
la voie [vwa]	Gleis	Il y a eu un accident sur la voie.
la honte [ɔ̃t]	Schande	Quelle honte!
tenir qn au courant [tənirokurɑ̃]	jdn auf dem Laufenden halten	Tenez-moi au courant du développement de votre travail.
c'est énervant [sɛtenɛrvɑ̃]	das macht einen wahnsinnig	C'est énervant ce bruit!
le raccord [rakɔr]	Überleitung	
s'arranger [sarɑ̃ʒe]	sich regeln	Ne vous faites pas de souci, ça va s'arranger.
doubler [duble] **qc**	etw. verdoppeln, *hier:* (durch eine zweite Brücke) ergänzen	
Quand les poules auront des dents. [kɑ̃lepulɔrɔ̃dedɑ̃]	Wenn Ostern und Pfingsten auf einen Tag fallen.	
une eurorégion [ørorеʒjɔ̃]	Euroregion	
frontalier/ère [frɔ̃talje/frɔ̃taljɛr]	Grenz-	L'Alsace est une région frontalière.
un aménagement [amenaʒmɑ̃]	Raumordnung	Luc travaille à l'aménagement de la ville.

la jeunesse [ʒœnɛs]	Jugend	Mon père a beaucoup voyagé dans sa jeunesse.
financer [finɑ̃se] **qc**	etw. finanzieren	La ville a financé le projet à 100%.
garantir [garɑ̃tir] **qc**	etw. garantieren	Nous garantissons la bonne qualité de nos produits.
la collaboration [kɔlabɔrasjɔ̃]	Zusammenarbeit	Leur collaboration sur ce projet s'est très bien passée.
étroit/e [etrwa/etrwat]	eng	Ce chemin est trop étroit pour passer en voiture.
efficace [efikas]	wirksam, effizient	Il faut trouver un moyen plus efficace de travailler.
9.		
exprimer [ɛksprime] **qc**	etw. ausdrücken	Il ne peut pas exprimer ses sentiments.
impatient/e [ɛ̃pasjɑ̃/ɛ̃pasjɑ̃t]	ungeduldig	Je suis impatient de rencontrer ta fiancée.
10.		
ressembler à [rəsɑ̃blea] **qn/qc**	jdm/einer Sache ähnlich sein	À quoi ressemble cette sculpture?
11.		
un abonnement [abɔnmɑ̃]	Abonnement	Pierre et moi, nous avons un abonnement au théâtre.
12.		
la mentalité [mɑ̃talite]	Mentalität	Les mentalités ont bien changé depuis la guerre.

p. 96 DOCUMENT

13.		
la bourse [burs]	Stipendium, Beihilfe	Il a reçu une bourse d'études.
un objectif [ɔbʒɛktif]	Ziel	L'objectif de ce cours, c'est la découverte de soi.
par l'intermédiaire de [parlɛ̃tɛrmedjɛrdə] **qn/qc**	über jdn/etw.	On s'est rencontrés par l'intermédiaire des petites annonces.
susciter [sysite] **qc**	etw. erregen	Son projet a suscité l'intérêt de ses collègues.
humain/e [ymɛ̃/ymɛn]	Menschen-, menschlich	L'erreur est humaine.
linguistique [lɛ̃gɥistik]	linguistisch, Sprach-	Kehl et Colmar ont un projet de partenariat linguistique.
mériter de [meritedə]	etw. wert sein, etw. verdienen	Il ne mérite pas de recevoir cette bourse.
soutenir [sutənir] **qc**	etw. unterstützen	Il faut soutenir l'activité culturelle de la ville.
14.		
l'écologie [ekɔlɔʒi] *f.*	Ökologie	Les thèmes de la conférence sont l'écologie et les nouvelles énergies.

VIVRE ENSEMBLE UNITÉ 11

p. 99 A

faire attention à [fɛratɑ̃sjɔ̃a] **qn/qc**	auf jdn/etw. achten	Faites attention aux voitures!
aboyer [abwaje]	bellen	Ce chien aboie à chaque fois que je passe.

être planté/e [ɛtrəplɑ̃te]	wie angewurzelt stehen	Ne reste pas planté là, aide-moi!
s'en aller [sɑ̃nale]	weggehen	Je dois m'en aller vers 20 h 00.
le/la gamin/e [gamɛ̃/gamin]	Kind	J'aime bien jouer avec les gamins.
la tente [tɑ̃t]	Zelt	On prend la tente ou on part en camping-car?
mignon/ne [miɲɔ̃/miɲɔn]	süß, niedlich	Cet enfant est mignon!
observer [ɔbsɛrve] **qn/qc**	jdn/etw. beobachten	Il adore observer les oiseaux.
quoi [kwa]	was	Quoi? Mais c'est fabuleux!
le terrain de camping [tɛrɛ̃dəkɑ̃piŋ]	Campingplatz	Le terrain de camping est complet.

p. 100

NOS VOISINS ET NOUS

1.

la relation [rəlasjɔ̃]	Beziehung	J'ai de bonnes relations avec mes cousins.
le voisinage [vwazinaʒ]	Nachbarschaft	*cf.* voisin
la grillade [grijad]	Grillade, gegrilltes Fleisch	Dimanche, on fait des grillades. Vous venez?
la fumée [fyme]	Rauch	La fumée de cigarette me gêne.
monter [mɔ̃te]	aufsteigen	Le bruit de la fête monte jusque chez moi.
le mouton [mutɔ̃]	Schaf	C'est un pull en laine de mouton.
envahir [ɑ̃vair] **qc**	einfallen, *hier:* überschwemmen	L'eau a envahi la cave de l'immeuble.
désagréable [dezagreabl]	unangenehm	≠ agréable
il existe [ilɛgzist]	es existiert, es gibt	= il y a
le gril [gril]	Grill	Il a un gril dans son jardin.
infiniment [ɛ̃finimɑ̃]	unendlich	Merci infiniment de votre aide.

reconnaissant/e [rəkɔnɛsɑ̃/rəkɔnɛsɑ̃t]	dankbar	Je vous serais <u>reconnaissante</u> de me répondre rapidement.
le/la locataire [lɔkatɛr]	Mieter/in	≠ propriétaire
prier [prije] **qn de faire qc**	jdn bitten, etw. zu tun	Nous vous <u>prions de</u> respecter les horaires de visite.
la poussette [pusɛt]	Kinderwagen	Julien ne veut plus rester assis dans sa <u>poussette</u>.
le hall [ol]	Eingangshalle	Attendez-moi dans le <u>hall</u>, j'arrive.
prévoir [prevwar]	vorsehen, veranschlagen	<u>Prévoie</u> une tente en cas de pluie.
un usage [yzaʒ]	Gebrauch, *hier:* Zweck	L'<u>usage</u> de ce médicament est réservé aux adultes.
le/la gardien/ne [gardjɛ̃/gardjɛn]	Wächter, Hausmeister	La <u>gardienne</u> prend mon courrier pendant mes vacances.
avoir l'obligeance de [avwarlɔbliʒɑ̃sdə]	die Güte haben/die Freundlichkeit besitzen, etw. zu tun	Vous pourriez <u>avoir l'obligeance de</u> faire moins de bruit le matin?
le repos [rəpo]	Ruhe, Ruhepause	Le lundi, c'est mon jour de <u>repos</u>.
le saxophone [saksɔfɔn]	Saxophon	Elle joue du <u>saxophone</u> dans un groupe de jazz.
s'amuser à [samyzea] **faire qc**	Spaß haben, etw. zu tun	Il <u>s'amuse à</u> dessiner sur le mur de sa chambre.
bloquer [blɔke] **qc**	etw. aufhalten, blockieren	La circulation <u>est bloquée</u> sur deux kilomètres.
le jouet [ʒwɛ]	Spielzeug	Nicolas a reçu beaucoup de <u>jouets</u> à son anniversaire.

la personne âgée [pɛrsɔnaʒe]	älterer Mensch	Les personnes âgées ont parfois du mal à vivre seules.
monter [mɔ̃te]	hinaufsteigen	Vous montez les escaliers et c'est la porte à gauche.
d'avance [davɑ̃s]	im voraus	Je vous remercie d'avance pour votre collaboration.
le code [kɔd]	Code	Il y a un code pour allumer le portable.
inadmissible [inadmisibl]	untragbar	Un tel comportement en classe est inadmissible!
la cour [kur]	Hof	Je laisse mon vélo dans la cour de l'immeuble.
de plus [dəplys]	außerdem	= en plus
cesser [sese]	aufhören	Il a cessé de neiger.
les félicitations [felisitasjɔ̃] *f. Pl.*	Glückwünsche	Félicitations pour ton bac!
la cohabitation [kɔabitasjɔ̃]	Zusammenleben	Leur cohabitation s'est mal passée.
un effort [efɔr]	Bemühung	Ses efforts en classe ne sont pas suffisants.
2.		
le ton [tɔ̃]	Ton	Veuillez me parler sur un autre ton, s'il vous plaît!
p. 101 **3.**		
le mécontentement [mekɔ̃tɑ̃tmɑ̃]	Unzufriedenheit	Le mécontentement de la population est toujours plus grand.
la demande [dəmɑ̃d]	Bitte	J'espère que vous tiendrez compte de ma demande.

4.		
furieux/euse [fyrjø/fyrjøz]	wütend, zornig	= en colère
5.		
le bouquet [bukɛ]	Strauß	Quel beau bouquet sur votre bureau!
6.		
fort/e [fɔr/fɔrt]	*hier:* laut	La musique de mes voisins est vraiment trop forte.
la sirène [sirɛn]	Sirene	De ma chambre, j'entends la sirène des bateaux.
7.		
le tableau d'affichage [tablodafiʃaʒ]	schwarzes Brett	Tu peux mettre ton annonce sur le tableau d'affichage.
la réclamation [reklamasjɔ̃]	Beschwerde, Reklamation	Pour les réclamations, adressez-vous au bureau en face.
supplémentaire [syplemɑ̃tɛr]	zusätzlich	La SNCF a ouvert des lignes supplémentaires.

p. 102

LES ANIMAUX ET NOUS

8.		
le sujet [syʒɛ]	Thema	= thème
participer à [partisipea] **qc**	an etw. teilnehmen	Qui participe à la réunion de demain?
le débat [deba]	Debatte	Tu as assisté au débat du parlement?
domestique [dɔmɛstik]	Haus-	Sa fille voudrait un animal domestique.
le ménage [menaʒ]	*hier:* Haushalt	= foyer

posséder [pɔsede] **qc**	etw. besitzen	René et Martine <u>possèdent</u> une maison sur la côte.
le/la citadin/e [sitadɛ̃/sitadin]	Städter/in	Elle adore vivre à Paris. C'est une vraie <u>citadine</u>.
le phénomène de société [fenɔmɛndəsɔsjete]	gesellschaftliches Phänomen	Ce livre est un véritable <u>phénomène de société</u>.
tenir compagnie à [tənirkɔ̃paɲia] **qn**	jdm Gesellschaft leisten	Marie va <u>tenir compagnie à</u> sa tante tout les jeudis.
le souci [susi]	Sorge	J'ai des <u>soucis</u> d'argent.
contredire [kɔ̃trədir] **qn**	jdm widersprechen	Pourquoi est-ce que tu me <u>contredis</u> tout le temps?
obliger [ɔbliʒe] **qn à faire qc**	jdn zwingen etw. zu tun	Ce travail m'<u>oblige à</u> rentrer plus tôt de vacances.
le compagnon [kɔ̃paɲɔ̃]	Lebensgefährte	Elle vit avec son <u>compagnon</u> depuis presque dix ans.
tenir en laisse [tənirɑ̃lɛs]	an der Leine halten	<u>Tenez</u> vos chiens <u>en laisse</u> dans le parc, svp!
la propreté [prɔprəte]	Sauberkeit	Il faut apprendre la <u>propreté</u> aux animaux domestiques.
faire ses besoins [fɛrsebəzwɛ̃]	sein kleines Geschäft erledigen	Ce chien <u>fait</u> toujours <u>ses besoins</u> au pied de cet arbre.
le trottoir [trɔtwar]	Bürgersteig	Les cafés ont mis des tables sur le <u>trottoir</u>.
dégoûtant/e [degutɑ̃/degutɑ̃t]	ekelhaft	Ces toilettes publiques sont <u>dégoûtantes</u>.
un impôt [ɛ̃po]	Steuer	Il paie beaucoup d'<u>impôts</u>.
le nettoyage [netwajaʒ]	Reinigung, Putzen	Qui est responsable du <u>nettoyage</u> ici?

	interrompre [ɛ̃terɔ̃pr]	unterbrechen	*cf.* interruption
	sans doute [sɑ̃dut]	wahrscheinlich, bestimmt	Xavier va sans doute venir avec nous.
	le toutou [tutu]	Wauwau	Regarde le toutou là-bas!
	généraliser [ʒeneralize]	verallgemeinern	Vous généralisez trop vite, tout le monde n'est pas comme ça!
	salir [salir] **qc**	etw. schmutzig machen, verschmutzen	Vous allez salir toute la voiture avec vos pieds.
	le/la maître/esse [mɛtr/mɛtrɛs]	Herrchen/Frauchen	Ce chien a perdu son maître.
	9.		
	promener [prɔmne]	spazieren, spazieren führen	Je dois promener mon chien plusieurs fois par jour.
	malheureux/euse [malørø/malørøz]	unglücklich	≠ heureux
	protester contre [prɔtɛstekɔ̃tr] **qc**	gegen etw. protestieren	On doit protester contre l'augmentation des prix!
	la saleté [salte]	Schmutz, Dreck	*cf.* sale
	solitaire [sɔlitɛr]	einsam	C'est un homme solitaire.
	10.		
	un oiseau [wazo]	Vogel	Regarde cet oiseau bleu!
	le rongeur [rɔ̃ʒœr]	Nagetier	
p. 103	12.		
	obéir à [ɔbeira] **qn**	jdm gehorchen	Ce chien n'obéit pas à son maître.
	ne … personne [nəpɛrsɔn]	niemand	Il n'y a personne ici?
	13.		
	le hamster [amstɛr]	Hamster	À la maison, nous avons deux hamsters.
	nettoyer [netwaje] **qc**	etw. reinigen, putzen	Je dois encore nettoyer la salle de bains.

15.

garder [garde] **qn/qc**	auf jdn/etw. aufpassen, hüten	Tu peux garder ta petite sœur ce soir?
le caractère [karaktɛr]	Charakter	Tu as vraiment mauvais caractère!
une alimentation [alimɑ̃tasjɔ̃]	Ernährung, Fütterung	Il fait très attention à son alimentation.

p. 104 **DOCUMENT**

16.

le zoo [zo]	Zoo	Vous avez visité le zoo de Vincennes?
situé/e à [sitɥea]	gelegen in	Je connais une plage située à deux kilomètres d'ici.
renfermer [rɑ̃fɛrme] **qc**	etw. enthalten, beinhalten	Cette boîte renferme tous mes souvenirs de jeunesse.
le cerf [sɛr]	Hirsch	J'ai vu un cerf dans la forêt.
la biche [biʃ]	Hirschkuh	
le daim [dɛ̃]	Damwild	
le sanglier [sɑ̃glije]	Wildschwein	Il y a beaucoup de sangliers dans les forêts françaises.
le milieu [miljø]	Umwelt, Milieu	Ces animaux vivent dans un milieu protégé.
une aventure [avɑ̃tyr]	Abenteuer	Vous avez déjà lu les aventures d'Astérix?
croiser [krwaze] **qn**	jdm begegnen, jdn treffen	Tiens, j'ai croisé ton frère hier!
ému/e [emy]	bewegt	Il était très ému au mariage de son fils.
ne pas en croire ses yeux [nəpazɑ̃krwarsezjø]	seinen Augen nicht trauen	

marquer [marke] **qn**	einen bleibenden Eindruck hinterlassen	Son séjour en Afrique l'a marqué.
le grand public [grɑ̃pyblik]	breites Publikum	C'est un film grand public.
un éléphant [elefɑ̃]	Elefant	
le lion [ljɔ̃]	Löwe	
le gorille [gɔrij]	Gorilla	
peupler [pœple] **qc**	in etw. leben, etw. bevölkern	
une espèce [ɛspɛs]	Art	Il y a combien d'espèces d'oiseaux dans cette île?
le renard [rənar]	Fuchs	On voit parfois un renard dans notre jardin.
le faisan [fəzɑ̃]	Fasan	
un écureuil [ekyrœj]	Eichhörnchen	
la martre [martr]	Marder	
protéger [prɔteʒe]	schützen	Il faut protéger les espèces rares.
se cacher [səkaʃe]	sich verstecken	Je compte jusqu'à dix pendant que tu te caches.
photographier [fɔtɔgrafje] **qc**	etw. fotografieren	Vous ne pouvez pas photographier les statues dans ce musée.
tandis que [tɑ̃dikə]	während	Il fait des études tandis que son frère fait un apprentissage.
Il fait bon flâner! [ilfɛbɔ̃flane]	Schön ist es zu flanieren!	Il fait bon flâner le long des quais!
19.		
le synonyme [sinonim]	Synonym	
la définition [definisjɔ̃]	Definition	

p. 107 A

le mélange [melɑ̃ʒ]	Mischung	C'est un beau <u>mélange</u> de couleurs.
prendre une photo [prɑ̃drynfɔto]	ein Foto machen	Pierre <u>prend une photo</u> de la tour Eiffel.
réaménager [reamenaʒe] **qc**	etw. neu gestalten	On va <u>réaménager</u> le salon.
le bâtiment [batimɑ̃]	Gebäude	Je travaille dans ce grand <u>bâtiment</u> gris.
démolir [demɔlir] **qc**	etw. abreißen	Ils <u>ont démoli</u> ce vieux bâtiment hier.
le gratte-ciel [gratsjɛl]	Wolkenkratzer	Ils veulent construire un <u>gratte-ciel</u> de plus de cent mètres.
la trace [tras]	Spur	Il est parti sans laisser de <u>traces</u>.
sacré/e [sakre]	sakral, heilig	Un cimetière est un lieu <u>sacré</u>.
gagner de la place [gaɲedəlaplas]	Platz gewinnen	Si on pousse les lits, on peut <u>gagner de la place</u>.

p. 108 L'ELDORADO DES FRANÇAIS

1.

accéder à [aksedea] **qc**	an etw. gelangen, Zugang haben	En vacances, je ne peux pas <u>accéder à</u> Internet.
vaste [vast]	weit	Le Canada est un pays très <u>vaste</u>.
l'émigration [emigrasjɔ̃] *f.*	Auswanderung	L'<u>émigration</u> vers le sud est un phénomène nouveau.

le visa [viza]	Visum	Joseph a obtenu son visa pour la Chine.
fructueux/euse [fryktɥø/fryktɥøz]	fruchtbar	Notre collaboration est très fructueuse.
précédent/e [presedɑ̃/presedɑ̃t]	vorige/r/s	≠ suivant
rien que [rjɛ̃kə]	nur, nichts als	Je voudrais aller à Eurodisney. Rien qu'une fois!
émigrer [emigre]	auswandern	Guy a émigré aux États-Unis en 1975.
la moitié [mwatje]	Hälfte	La moitié des employés était malade.
une immigration [imigrasjɔ̃]	Einwanderung	≠ émigration
avoir conscience de [avwarkɔ̃sjɑ̃sdə] **qc**	sich etw. bewusst sein	J'ai bien conscience de ce problème.
la vision [vizjɔ̃]	Vorstellung, Ansicht	Vous n'avez pas une vision très réaliste des choses.
romantique [rɔmɑ̃tik]	romantisch	On a passé un week-end romantique à la mer.
sous-estimer [suzɛstime] **qc**	etw. unterschätzen	Il ne faut pas sous-estimer ses efforts.
risquer de [riskedə]	Gefahr laufen	Attention, tu risques de te faire mal!
déçu/e [desy]	enttäuscht	Mes amis sont déçus de leur voyage.
francophone [frɑ̃kɔfɔn]	französischsprachig, frankophon	Mes parents ne voyagent que dans les pays francophones.
l'Amérique [amerik] *f.*	Amerika	Elle rêve de l'Amérique depuis qu'elle est petite.
qu'importe [kɛ̃pɔrt]	was macht das schon, was bedeutet das schon	Qu'importe la pluie! Nous partons quand même.
le taux [to]	Rate	Le taux de chômage diminue lentement.
la natalité [natalite]	Geburtenziffer	La natalité reste stable depuis 5 ans.

le dossier [dɔsje]	Akte, Unterlage	Mon dossier de candidature n'a pas été sélectionné.
dont [dɔ̃]	*hier:* deren	
demeurer [dəmœre]	bleiben	La maison est demeurée vide pendant les vacances.
apprécier [apresje] **qc**	etw. schätzen	Isabelle ne sait pas apprécier les choses simples.
le rapport [rapɔr]	Beziehung	= relation
se faire des amis [səfɛrdezami]	Freunde finden	Alors, tu t'es fait des amis en vacances?
s'adapter [sadapte]	sich einleben	Vous vous êtes bien adapté à votre nouvelle vie?
2.		
immigrant/e [imigrɑ̃/imigrɑ̃t]	Immigrant/in	Les populations immigrantes sont les plus pauvres.
3.		
le/la Québécois/e [kebekwa/kebekwaz]	Quebecer/in	Je connais une Québécoise.
arrogant/e [arɔgɑ̃/arɔgɑ̃t]	arrogant, hochnäsig	C'est un homme arrogant, il pense tout savoir.
p. 109 **4.**		
rejoindre [rəʒwɛ̃dr] **qc**	*hier:* etw. erreichen	Cette rivière rejoint le fleuve près de Strasbourg.
la manière [manjɛr]	Art	Je n'ai pas aimé sa manière de parler.
tout en étant [tutɑ̃netɑ̃]	obwohl, obgleich	Je continue de travailler tout en étant à la maison.

être perdu/e [ɛtrəpɛrdy]	verloren sein	Cet homme est vraiment perdu sans son portable!
dans la mesure où [dɑ̃laməzyru]	sofern, insoweit als	Tu as eu raison, dans la mesure où tu lui as parlé franchement.
relativement [rəlativmɑ̃]	relativ	Notre maison est relativement simple à trouver.
être sûr/e de son coup [ɛtrəsyrdəsɔ̃ku]	sich seiner Sache sicher sein	Après son entretien, David était sûr de son coup.
un imaginaire [imaʒinɛr]	Imaginäre, Vorstellung	Ces personnages n'existent que dans son imaginaire.
un espace [ɛspas]	Raum	Il aime les grands espaces sauvages.
accueillant/e [akœjɑ̃/akœjɑ̃t]	gastlich, einladend	Découvrez les thermes de Saint-Malo: un espace calme et accueillant.
franchement [frɑ̃ʃmɑ̃]	ehrlich	Dis-moi franchement ce que tu penses!
se regrouper [sərəgrupe]	sich zusammen schließen	Nous nous sommes regroupés en association.
par rapport à [parrapɔra] **qn/qc**	im Vergleich zu jdm/etw.	Nous sommes en retard par rapport à nos prévisions.
un accent [aksɑ̃]	Akzent	Il parle français avec un accent anglais.
se mettre une chose en tête [səmɛtrynʃozɑ̃tɛt]	sich etw. einprägen	Il faut bien vous mettre une chose en tête: ce ne sera pas facile!
revoir [rəvwar] **qn/qc**	jdn/etw. wiedersehen	J'aimerais bien revoir ce film.
d'ailleurs [dajœr]	übrigens	Je fais une fête demain. D'ailleurs, vous êtes invités!

être facile/difficile d'approche [ɛtrəfasil/difisildaprɔʃ]	leicht/schwer zugänglich sein	Ce professeur me semble difficile d'approche.
hyper [ipɛr]	hyper-, über-	Je suis hyper contente de le revoir.
au premier abord [oprəmjerabɔr]	zunächst, auf den ersten Blick	Au premier abord, mon nouveau collègue est sympa.
regarder [rəgarde] **qn**	*hier:* jdn angehen, betreffen	Mes problèmes personnels ne vous regardent pas.
une opinion [ɔpinjɔ̃]	Meinung	= avis
une infériorité [ɛ̃ferjɔrite]	Unterlegenheit, Minderwertigkeit	Avec elle, j'ai un sentiment d'infériorité.
délaisser [delese] **qn/qc**	jdn/etw. vernachlässigen, verlassen	Patrice a délaissé le piano pour la guitare.
pas mal de [pamaldə]	ziemlich viel/e	Il y avait pas mal de monde à la fête.
revenir [rəvənir]	wiederkommen	Son nom revient toujours dans la conversation.
maudit/e [modi/modit]	verdammt, verflucht	Cette maudite voiture est toujours en panne.
québécois/e [kebekwa/kebekwaz]	aus Quebec	J'ai des amis québécois.
anglophone [ɑ̃glɔfɔn]	englischsprachig	*cf.* anglais
fonder [fɔ̃de] **qc**	etw. gründen	Mon frère a fondé un groupe de jazz.
céder [sede] **qc**	etw. abgeben	Je vous cède volontiers ma place.
malgré [malgre]	trotz	Malgré le froid, on s'est promenés sur les quais.
la répression [represjɔ̃]	Verfolgung, Unterdrückung	
féroce [ferɔs]	unbarmherzig, böse	= cruel

la communauté [kɔmynote]	Gemeinschaft	La communauté protestante de mon quartier est très active.
réussir à [reysira] **faire qc**	jdm gelingen etw. zu tun	Tu as réussi à contacter ton père?
conserver [kɔ̃sɛrve] **qc**	etw. behalten, bewahren	= garder
une identité [idɑ̃tite]	Identität	On ne connaît pas encore l'identité du coupable.
grâce à [grasa]	dank	Grâce à son aide, j'ai réussi à réparer la voiture.
la cohésion [kɔezjɔ̃]	Zusammenhalt	Un même objectif permet la cohésion du groupe.
la résolution [resɔlysjɔ̃]	Beschluss, Resolution	Le parlement a voté une nouvelle résolution.
la loi [lwa]	Gesetz	On ne peut pas fumer dans les lieux publics, c'est la loi.
renforcer [rɑ̃fɔrse] **qc**	etw. verstärken	Nous allons renforcer la sécurité du bâtiment.

5.

second/e [səgɔ̃/səgɔ̃d]	zweite/r/s	Il a deux enfants de son second mariage.
la patrie [patri]	*hier:* Heimat	La France a toujours été sa vraie patrie.

p. 110

VU DU QUÉBEC

7.

aborder [abɔrde] **qc**	etw. ansprechen	On va aborder ce problème à la réunion.
une attitude [atityd]	Haltung	Tu n'as pas une attitude très positive!

une attraction touristique [atraksjɔ̃turistik]	Touristenattraktion	La tour Eiffel est l'<u>attraction touristique</u> la plus visitée.
la syllabe [sillab]	Silbe	Le mot «touristique» a trois <u>syllabes</u>.
le foie gras [fwagra]	Stopfleber	À mon anniversaire, je voudrais du <u>foie gras</u> en entrée.
la manif(estation) [manif(ɛstasjɔ̃)]	Demonstration	La <u>manifestation</u> a bloqué la circulation pendant plusieurs heures.
la gorgée [gɔrʒe]	Schluck	Buvez une <u>gorgée</u> de cette tisane!
le berger allemand [bɛrʒealmɑ̃]	Deutscher Schäferhund	Mes parents ont un <u>berger allemand</u>.
le caniche [kaniʃ]	Pudel	Ma grand-mère a un <u>caniche</u> blanc.
le plancher [plɑ̃ʃe]	Fußboden	Le chien dort sur le <u>plancher</u>, dans la chambre.
sentir [sɑ̃tir] **qc**	riechen, *hier:* nach etw. riechen	Ça <u>sent</u> la cigarette dans cette chambre!
la choucroute [ʃukrut]	Sauerkraut	J'achète des saucisses pour manger avec la <u>choucroute</u>.
le magret de canard [magrɛdəkanar]	Entenbrust	À la Saint Sylvestre, on mange du foie gras et du <u>magret de canard</u>.
un escargot [ɛskargo]	Schnecke	Après la pluie, on cherche des <u>escargots</u> dans le jardin.
le lac [lak]	See	M. et Mme Leblanc ont une maison au bord du <u>lac</u>.
avoir le droit de [avwarlədrwadə] **faire qc**	das Recht haben etw. zu tun	Avec ce permis, vous n'<u>avez</u> pas <u>le droit de</u> conduire un camion.
le/la Canadien/ne [kanadjɛ̃/kanadjɛn]	Kanadier/in	*cf.* Canada
le trou [tru]	Loch	Le chien a fait des <u>trous</u> dans le jardin.

la parution [parysjɔ̃]	Erscheinen	*cf.* paraître
intitulé/e [ɛ̃tityle]	den Titel tragen	Son dernier livre est intitulé «Roman pour rire».
la renommée [rənɔme]	Renommee, guter Ruf	La renommée de ce restaurant lui apporte beaucoup de clients.
s'étendre à [setɑ̃dra]	sich bis zu etw. ausbreiten	La maladie s'étend aux pays voisins.
le disque [disk]	Schallplatte	Il collectionne les disques de Dalida.
une âme [am]	Seele	≠ corps
sacrer [sakre] **qn/qc**	jdn/etw. zu etw. erklären	Il est sacré meilleur joueur de l'année.

p. 111

8.

la motoneige [motonɛʒ]	Schneemobil	Chez moi, en hiver, on circule en motoneige.
le bonnet [bɔnɛ]	Mütze	Mets ton bonnet sur la tête, il fait froid!
résister à [rezistea] **qc**	etw. Stand halten	Cette tente résiste à tous les temps.
une insulte [ɛ̃sylt]	Beleidigung	Il a pris tes paroles pour une insulte.
alcoolisé/e [alkɔlize]	alkoholhaltig	Vous avez des boissons non alcoolisées?
le lexique [lɛksik]	Wortschatz	= vocabulaire
la syntaxe [sɛ̃taks]	Syntax	Dans ce cours, on étudie la syntaxe.
la réduction [redyksjɔ̃]	Verkürzung	Ils manifestent pour une réduction du temps de travail.

9.

la grève [grɛv]	Streik	Les ouvriers sont en grève.
interdit/e [ɛ̃tɛrdi/ɛ̃tɛrdit]	verboten	L'alcool est interdit dans les chambres.

11.

surprendre [syrprɑ̃dr] **qn**	jdn überraschen	Sa réponse ne m'a pas surpris.
une habitude [abityd]	Gewohnheit	J'ai pris de mauvaises habitudes en vacances.
alimentaire [alimɑ̃tɛr]	Nahrungs-, Ernährungs-, Lebensmittel-	Il travaille dans une usine de produits alimentaires.
la durée [dyre]	Dauer	*cf.* durer

p. 112 **DOCUMENT**

12.

un aspect [aspɛ]	Aspekt	N'oubliez pas l'aspect financier du contrat!
la voie navigable [vwanavigabl]	Wasserstraße	Il y a en France 8500 km de voies navigables.
le drapeau [drapo]	Fahne, Flagge	Quel symbole figure sur le drapeau québécois?
un emblème [ɑ̃blem]	Emblem, Kennzeichen	Le soleil était l'emblème de Louis XIV.
la royauté [rwajote]	Königtum	
le lys [lis]	Lilie	Il a apporté un bouquet de lys.
la métropole [metrɔpɔl]	Metropole	Paris est une métropole très touristique.
cosmopolite [kɔsmɔpɔlit]	kosmopolitisch	Je vis dans un quartier assez cosmopolite.
multiculturel/le [myltikyltyrɛl]	multikulturell	La fête de la musique est une fête très multiculturelle.
la devise [dəviz]	Devise, Motto	«Liberté, Égalité, Fraternité» est la devise de la République française.

figurer [figyre]	stehen	Votre nom ne <u>figure</u> pas sur ma liste.
la plaque d'immatriculation [plakdimatrikylasjɔ̃]	Autokennzeichen	Cette voiture a une <u>plaque d'immatriculation</u> étrangère.
13.		
représenter [rəprezɑ̃te] **qn/qc**	jdn/etw. darstellen	Qu'est-ce que <u>représente</u> ce drapeau?

LA TRANSCRIPTION PHONÉTIQUE

Vokale

[ɑ] pas, bas, theâtre
[a] glace, voilà
[ɛ] merci, c'est, problème, être, faire *(sehr offenes «e»)*
[e] chez, école, travailler *(geschlossenes «e»)*
[ə] je, le, ne, qu'est-ce que *(stummes «e»)*
[i] vie, pyjama
[o] vélo, eau, côté *(geschlossenes «o»)*
[ɔ] alors, comment *(offenes «o»)*
[ø] deux, peu *(geschlossenes «ö»)*
[œ] sœur, vendeur *(offenes «ö»)*
[u] vous, où
[y] une, sur

Halbvokale

[ɥ] je suis, huit, cuisine
[j] bien, étudiant, travailler, fille
[w] moi, oui

Nasallaute

[ɑ̃] enfant, chambre, exemple
[ɔ̃] bonjour, nom
[ɛ̃] un, bien, lundi, fin, terrain, sympa

Konsonanten

[b] ha**b**iter
[d] **d**ur
[f] **f**rançais, **ph**oto
[g] ci**g**arette, collè**g**ue
[k] **c**ours, ave**c**, **qu**i, **k**ir
[l] i**l**
[m] **m**al
[n] **n**on
[ŋ] campi**ng**
[ɲ] co**gn**ac, champa**gn**e
[p] **p**ardon, je m'a**pp**elle
[r] bonjou**r**, **r**encont**r**e
[s] **s**alut, **ç**a, bon**s**oir *(stimmloses «s»)*
[z] Mademoi**s**elle, le**s**‿enfants, si**x**‿heures, **z**éro *(stimmhaftes «s»)*
[ʃ] **ch**ez, **ch**ocolat *(stimmloses «sch»)*
[ʒ] bon**j**our, â**g**e, **j**us *(stimmhaftes «sch»)*
[t] **t**rès
[v] **v**ous, arri**v**er